阿里娘子军

职业女性高管之路

黄伟芳◎著　　陈润◎主编

团结出版社

图书在版编目（CIP）数据

阿里娘子军 / 黄伟芳著 . -- 北京 : 团结出版社 ,2020.11

ISBN 978-7-5126-8293-1

Ⅰ . ①阿… Ⅱ . ①黄… Ⅲ . ①电子商务－商业企业－女性－生平事迹－杭州 Ⅳ . ① K828.38

中国版本图书馆 CIP 数据核字 (2020) 第 184450 号

阿里娘子军

黄伟芳 著

出 版：团结出版社

　　　　（北京市东城区东皇城根南街84号　　邮编：100006）

责任编辑：郑 纪

电 话：（010）65228880

发 行：（010）51393396

网 址：http://www.tjpress.com

E－mail：65244790@163.com

经 销：全国新华书店

印 刷：三河市龙大印装有限公司

开 本：145×210　1/32

印 张：8

字 数：160千字

版 次：2020年11月第1版

印 次：2020年11月第1次印刷

书 号：978-7-5126-8293-1

定 价：59.00元

为标杆立传：重塑企业家精神，推动中国商业进步

在我们一生中，总会遇到那么一个人，用自己的智慧之光、精神之光，照亮我们人生的道路。

我从事企业传记写作、出版已有10多年，在访谈企业家、创业者的时候，我通常会问两个问题：谁对你影响最大？哪本书令你受益匪浅？答案往往是某位标杆企业家及其传记作品。可以说，很多企业家都曾深受成功前辈企业家传记的影响，他们以偶像为标杆，完成自我认知、自我突破、自我进化，在对标中寻找坐标，在蜕变中加速成长。

人们常说，选择比努力更重要，而选择正确与否取决于认知。决定人生命运的关键选择就那么几次，大多数人不具备做出关键抉择的正确认知，然后要花很多年为当初的错误决定买单。对于创业者、管理者来说，阅读成功企业家传记是形成方法论、构建学习力、完成认知跃迁的最佳捷径，越早越好。

无论个人还是企业，不同的个体、组织有不同的基因和命运。对于个人来说，要有思想、灵魂，才能活得明白，取得成功。对于企业而言，要有愿景、使命、价值观，才能做大做强，基业长青。世间万物，皆有"灵魂"。每个企业出生时都有"灵魂"，但发展壮大以后就容

易被忽视。企业的灵魂人物是创始人，他给企业创造的最大财富是企业家精神；管理的核心是管理愿景、使命、价值观，我们通常概括为企业文化。有远见的企业家重视"灵魂"，其中效率最高、成本最低的方式是写作企业家传记和企业史，前者重塑企业家精神，后者提炼企业文化，以此找到企业复兴之路。

"立德、立功、立言"，这是儒家追求，也是人生大道。在过去10年间，我所创办的润商文化秉承"以史明道，以道润商"的使命，汇聚一大批专家学者、财经作家、媒体精英，专注于企业传记定制出版和传播服务，为标杆企业立传。我们为华润、招商局金融、戴尔中国、用友、卓尔、光威等数十家著名企业提供知识服务，策划出版过全球商业史系列、世界财富家族系列、中国著名企业家传记系列等近百部具有影响力的作品，还将部分优秀作品版权输出海外，堪称最了解中国本土企业实践和理论模型的知识服务机构之一。

正是出于重塑企业家精神、构建商业文明的专业研究精神和时代使命感、责任感，当我提出策划出版"中国著名企业家传记"丛书的倡议之后，得到团结出版社的大力支持。2019年初，我们启动"中国著名企业家传记"丛书的学术研究和出版工程。

为了高标准、高品质打造精品，我们聚集业内知名财经作家组建研究团队，进行专题研究和创作，陆续出版了李嘉诚、任正非、马云、雷军、董明珠、彭蕾等企业家传记作品，面世后深受读者欢迎，一版再版。2020年，我们继续完成王兴、张一鸣、黄峥、周鸿祎、曹德旺、段永平等企业家传记作品，为企业家立言，为企业立命，为中国商业立标杆。

　　一直以来，我们致力于为有思想的企业提升价值，为有价值的企业传播思想。作为中国商业观察者、记录者、传播者，我们将聚焦于更多标杆企业、行业龙头、区域领导品牌、高成长型创新公司等有价值的企业，将"中国著名企业家传记"丛书不断完善，重塑企业家精神，传播企业品牌价值，推动中国商业进步。

　　通过"中国著名企业家传记"丛书的调查研究和出版工程，我们意在为更多企业家、创业者提供前行的智慧和力量，为读者在喧嚣浮华的时代打开一扇希望之窗：

　　在这个美好时代，每个人都可以通过奋斗和努力，成为想成为的那个自己。

"中国著名企业家传记"丛书主编

2020 年 9 月 12 日

读懂了女人，也就读懂了阿里巴巴

阿里巴巴为什么能在充满竞争与压力的商场屹立不倒、长久不衰？

历经了二十余年的风雨沧桑，阿里巴巴这个庞大的商业帝国早已迈入光辉岁月，甚至攀登上了中国商业史的巅峰。在这二十余年中，无数人在苦苦追寻着这个问题的答案，希望从阿里巴巴的辉煌历程中梳理出成功的脉络，为自己助力。

有人说，阿里巴巴的成功是因为它拥有一个格局大、内心充满力量的领导者——马云。凭借着对梦想的坚持、对初心的坚守，那个曾经不知道路在何方的小个子马云，一心"要做中国人创办、让中国人骄傲的全世界最好的公司"，最终引领阿里巴巴圆梦，开启商业新时代。有人说，阿里巴巴是因为顺应了时势，乘上了互联网极速发展的东风，才得以扶摇直上，创造一个个史诗级纪录。有人说，以"十八罗汉"为基石的坚固团队才是造就阿里巴巴神话的终极密码。还有人说，阿里巴巴从创立的第一天就注入了颠覆与创新的基因，因此不甘于浅尝辄止，敢于弯道超车，敢于探索制度底线，从而获得了一次次可持续发展的机遇，屡屡突破自我，再创辉煌。

2019年1月24日，在2019年冬季达沃斯世界经济论坛的午餐会上，阿里巴巴的创始人马云对这个问题给出了不一样的答案：

女性是阿里巴巴成功的秘诀，在阿里，几乎50%的员工是女性，34%的高管是女性。我们对此非常自豪。有人疑惑："你们是科技公司，怎么能招这么多女人？"我说："那又怎样？这不是问题。用户体验是服务业的核心。我们发现，女性更关心他人，女性买东西不是为自己，而是为家人。没有女性，就没有阿里巴巴。俗话说：'每个成功男人的背后都有一个强大的女人。'我身后有很多强大的女人，支持着我，我永远感谢她们。"[1]

2019年8月28日，在全球女性创业者大会上，马云又发表演讲，以"世界有了女性而美好"为题，向阿里巴巴背后的女人以及"她时代"的创业女性们致以热爱和敬意。

阿里巴巴成立以来，女性就在我们创业的道路上扮演着至关重要的角色，刚才上面的两位，在她们身上，你看到女性创业者和女性领导者是这个世界上最独特的魅力型的领导者。未来30年，人类比拼的已经不是肌肉和力量，而是智慧和体验。体验时代，女人会越来越厉害，因为她懂得别人、她理解别人、她懂得支持和帮助别人。我们发现，男性做生意非常注重数字，而女性做生意特别关注体验，数字时代注重体验更加容易成功。当一个公司的女性比例很多的时候，这个公司的产品和服务一定会做到与众不同，一定以客户优先，一定思考别人为多。[2]

"没有女性，就没有阿里巴巴。"正如马云所言，阿里巴巴的故

---

[1] 引自2019年1月24日马云在2019年冬季达沃斯世界经济论坛的午餐会上的演讲。

[2] 引自2019年8月28日马云在2019全球女性创业者大会上的发言。

事，也是女性的故事。

阿里巴巴有十八位联合创始人，戏称"十八罗汉"，在"十八罗汉"中，女性占了三分之一。彭蕾、戴珊、蒋芳这些创业元老们不仅自始至终对阿里巴巴不离不弃，而且为阿里巴巴的蓬勃发展立下了汗马功劳。在2019年阿里巴巴最新公布的38名合伙人中，女性的占比也超过了34%，郑俊芳、彭翼捷、武卫、童文红、宋洁等女合伙人纷纷在财务、人力、企业文化、内部控制、文娱等重要管理岗位上释放着光和热。在阿里巴巴的基层岗位上，51%的设计师以及接近一半的产品测试人员都是女性。

与之相对比的，是一组有趣的数据：谷歌员工的女性占比31%，女高管占25%；苹果公司的11位高管中，只有1人是女性；微软情况稍好，15名高管中有3名女性；IBM的21名高管中只有4名女性。而国内诸如与阿里巴巴齐名的腾讯、百度等大型互联网企业，高管人群都是清一色的男性面孔。

不仅如此，在淘宝、天猫商城一次次刷新的亮丽销售额背后，也是无数女性用户的贡献。淘宝超过60%的消费者都是女性。淘宝上近一半的男装甚至超过一半的男装是女性买的，超过60%以上的油盐酱醋是女性买的，给孩子买生活和学习用品的百分之七八十以上的消费者都是女性。女性不只是"买买买"的主要群体，也是"卖卖卖"的主力军。在淘宝店铺的经营者中，活跃店铺一半店主为女性，而且女性店主近几年交易额的增长比男性店主高出了30%。月入百万级的淘宝主播中，近八成是女性。

无论是用肩膀来支撑马云以及阿里巴巴往前发展的那群女人，还是用购物车来支持马云的女人，都是马云背后的女人，她们才是为阿里巴巴创造了未来的人。是女性带给了阿里巴巴成功的机会，是女性的信任，让阿里巴巴与众不同。

　　要把事情做到，一般来说靠男性；但是要把事情做好，一定得靠女性；把事情做妙，那得男女一起干。男人不管多厉害，离开了女性，他们啥都不是。我相信这个世界只有女性好，世界才会好。我希望下辈子能够做个好女人。

马云的这句话可以说是对女人的最高褒奖了。

而这本书所要讲的，是阿里巴巴那群鲜为人知的女高管的故事。

如同大多数女性一样，她们的身上并存着多种身份——她们是在父母膝下承欢的女儿，是用心呵护儿女成长的母亲，是与丈夫携手共度绵绵岁月的妻子；但在商业博弈的战场上，她们有一个共同的名字——阿里巴巴女高管。

张瑛、彭蕾、蒋芳、戴珊、郑玉芳、童文红、吴敏芝、彭翼捷、宋洁、叶枫、俞思瑛……这一个个朴实无华的名字背后，是不凡的奋斗之路与跌宕起伏的人生故事。

在互联网时代，她们勇敢地登上阿里巴巴这艘创业之舟，在风起云涌的商业江湖里大放异彩。她们的梦想不只是物质的富足，还要成为改变世界、推动历史与社会进步的力量。她们让人们看到了女性不一样的智慧与美丽，也赋予了商业世界更多的温度和美好。读懂了这些女人，也就读懂了阿里巴巴。

时间的长河不断向前奔流，有些人，有些事，已经逐渐变得模糊，但这些动人的故事，依然值得重温！在这本书中，我用文字记录下她们的抉择、倔强与奋斗，更记录下她们的灿烂人生和美好绚丽的世界。希望她们的故事能照亮无数人未明的前方，让更多人勇敢地选择自己想走的道路，甚至勇踏前人未至之境，冲破世俗藩篱，活出自我价值，活出蓬勃丰盈的人生。

目 录

第一章　关键选择：坚持初心，择时前行

第一节　良将如潮，皆因相信 / 003

第二节　向上生长的力量源于爱 / 007

第三节　不悔初心，坚定始终 / 011　　第四节　最是真情能动人 / 015

第二章　通达人性：洞察人心才能打动人心

第一节　用触碰心灵的方式管理人 / 021

第二节　洞察人心方能点名成金 / 026

第三节　"亲"，是商道也是人道 / 031

第四节　同理心，是创造价值的基石 / 035

第三章　守好本位：尽职尽责的人不会被辜负

第一节　在打杂中打磨自己 / 043

第二节 平凡的人，不平凡的责任心 / 048

第三节 甘做阿里事业的一块砖 / 052

第四节 用持续的激情把自己烧透 / 056　　第五节　后退是为了更好地前进 / 060

第四章　能打硬仗：关键时刻有关键之为

第一节 愿做拓荒牛，开辟行业疆土 / 067

第二节 所有的阻碍都是"纸老虎" / 072

第三节 以温暖与洞察重塑支付宝 / 076

第四节 立下愚公志，敢啃硬骨头 / 083

第五章　铁腕执行：做事要有一股"敢"劲

第一节 大是大非敢亮剑 / 091

第二节 "连马云的台都敢拆" / 096

第三节 腐败之处，血流满地 / 099

第四节 价值观底线不可破 / 103

第五节 慈不掌兵，做事霹雳手段 / 107

第六章　拥抱变化：做时代的造风者

第一节 你不颠覆，就会被别人颠覆 / 113

第二节 因为信任，所以简单 / 119

第三节 剑走偏锋，不变的是创新 / 125

第四节 永远面向未来寻找机会 / 130

第五节 小创新才能成就大变革 / 135

第六节 变化的人生更有质量 / 139

第七章 转危为机：在最黑暗的时候发光

第一节 心怀使命感，便无所畏惧 / 147

第二节 越猛烈的危机，蕴藏越大的机遇 / 152

第三节 保持定力，方能行稳致远 / 157

第四节 懂得迂回，更容易成事 / 163

第八章 守住底线：时刻保持敬畏心

第一节 就要有一股较真劲儿 / 171

第二节 对假货"杀无赦、斩立决" / 175

第三节 因为相信，所以坚持 / 179

第四节 心存敬畏，捍卫安全生命线 / 183

第九章 感性而活：柔软的心最有力量

第一节 温柔是最温暖的力量 / 191

第二节 直面错误，才能走得更远 / 193

第三节　不畏流言，率性做自己 / 198

第四节　懂得取舍，才是真智慧 / 202

第十章　向善而行：世界因女性而美好

第一节　心中有大爱，才能创造奇迹 / 209

第二节　湖畔种下爱的"魔豆" / 213

第三节　赋能女性就是赋能未来 / 218

第四节　让光照进孩子的生命 / 223

附录

阿里女将小传 / 228

参考文献 / 242

第一章

关键选择：坚持初心，择时前行

如今，翻开阿里巴巴高管的花名册，那些曾与马云一起肩并肩奋斗的女性创业者们，大多数已经伴随着阿里巴巴的辉煌青云直上。她们的成功，很多人会归功于运气。其实，很多时候，选择比努力更重要。在人生的漫漫长路上，有时一个选择就会改变一生。选择一条错误的道路前行，越努力就会陷得越深。跟对人，行大路，才会越努力越优秀。

第一节　良将如潮，皆因相信

1999 年春节后的一天，在杭州湖畔花园小区的 16 幢 1 单元 202 室，18 个年轻人聚在一起，围着一个瘦小的身影，听他激情澎湃地发表演讲。当时，那栋房子里几乎一无所有，只有一个破旧不堪的沙发摆在一边，大部分人席地而坐，马云站在中间讲了整整两个小时。

这是阿里巴巴"十八罗汉"曾经患难与共的青春岁月。

很多人说，是马云忽悠了这 18 个人，但他们却心甘情愿地被"忽悠"了整整二十余年。而阿里巴巴的崛起与兴盛，也证明了他们在人生的关键时刻做出了正确选择。

在这"十八罗汉"中，有一个令人惊讶的数据：女将竟然占了三分之一。在快速变迁的互联网行业，各个知名企业的创业团队中女性成员可谓少之又少，腾讯五虎将、小米七位联合创始人、史玉柱的"四大金刚"都是清一色的男性。而在阿里巴巴的创始团队中，却出现了许多女性创业者的身影：张瑛、彭蕾、蒋芳、戴珊、金媛影……

如今，翻开阿里巴巴高管的花名册，这些曾与马云一起肩并肩奋斗的女性创业者们，大多数已经伴随着阿里巴巴的辉煌青云直上。她们的成功，很多人会归功于运气。其实，很多时候，选择比努力更重要。

人生路漫漫，选择很关键，有时一个决定就会改变一生。对于女性来说，选择更是至关重要，单身还是结婚？升职还是生娃？追求平衡还是拼到极致？坚持自己的选择还是适时改变？加速还是慢下来？

取悦他人还是放飞自我？……人生的许多路口，常无对错之分，只是选择不同。而每一次选择，其实都是一场对赌，风险与机遇并存。

但是，无论是哪个时代的女性领军人物，都有同样一种特质：坚持初心，择时前行。她们的选择，往往带着果敢、带着勇气，一往无前。也正是无数义无反顾的选择，积累成她们的精彩人生。

阿里女将们的精彩故事，也是从做出跟着马云创业的选择开始的。

每一个追随马云的人都有各自的理由，但大多数人之所以毅然决然地跟着马云北上南下，只是因为一个"信"字。

20 世纪 90 年代末期，马云因为一次意外的美国之行与互联网有了"第一次亲密接触"，从此萌生了投身 Internet 的想法，当时马云就已经将这个项目的名字起好了——"中国黄页"。

回国后，带着一颗极度狂热的心，马云开始了自己的创业历程。创业最重要的事情之一就是招募人才，蒋芳、戴珊等几个学生，就是在这一时期加入他的团队的。

出生于四川绵阳的农村女孩蒋芳，长得并不出众，大学也没有什么突出表现，但是特别能吃苦，或许，正是这个特点给马云留下了深刻的印象。马云邀她入伙时，她还没找到工作。她觉得马云这个人很不错——在杭州电子工业学院（今杭州电子科技大学）的第一堂课，蒋芳就记住了这个其貌不扬的英语老师。他饱含激情的讲课方式，深深地影响了蒋芳。她曾回忆，教师时期的马云就像一团火，每次走进教室很快就把教室"点得热乎乎的"，有时讲得兴起，马云还会一屁股坐到讲台上，"特高兴地跟我们扯"，"不知不觉很快就打下课铃了"。因此，几乎没怎么犹豫，她就决定跟着马云干。

谁也想不到，当初的这个选择竟然彻底改变了蒋芳的人生。有人说，这步棋是她命运转折的关键。的确如此，如果不是这个决定，蒋芳又怎么可能在二十余年后成为一个雷厉风行的"铁娘子"，在商业帝国阿里中，变身为除马云之外最令人敬畏的存在？

蒋芳加入中国黄页时，马云团队只有寥寥十来个人，而且基本上都是被马云"忽悠"过来的。当时，让他们这个团队凝聚在一起的，正是马云的个人魅力。

后来，蒋芳曾经回忆道：

> 虽然我们所做的事情可能全世界都搞不清楚，工作内容看起来没有连续性，但是大家依然信心满满、非常努力，这其中靠的就是马老师的个人表达，他会明确地告诉我们可以做什么、应该坚持什么。我们有相处的基本方法论，明确什么是集体反对的，什么是集体鼓励的。

那时候的蒋芳，在团队中扮演的只是"打杂"角色，但她却一直对此无怨无悔。

在往后身边的同伴来了又走的过程中，她的那颗坚守的心，也从未动摇过。

与蒋芳一样坚定不移的，还有戴珊。戴珊是海南人，是马云在杭州电子工业学院的最后一届学生。

1992 年，从进入大学校园的第一天起，长相奇特的马云就成了戴珊最尊敬和佩服的老师。时至今日，她还记得马云在第一堂英语课上说过的一句话："英语是连接世界的工具。"在讲课风格上，马云与其他老师比起来显得有些特立独行。当时多数老师讲课的方式还是照本宣科，但马云讲起课来却天马行空。除了课本上的知识，他还会在课上讲国外的文化、风俗，讲他自己对人生和社会的理解。马云还经常不惜"自黑"来鼓励学生。有一次他说，你看我天分也不好，高考也是考了三次，我今天能当英语老师，就是因为当年在西湖边见人就给人当免费导游，敢于说，敢于练。那时，戴珊觉得马云的英语课是世界上最有趣的课堂，跟着马老师的节奏，她度过了愉快的大学时光。

1996 年，戴珊大学毕业，那时的她其实有很多人生选择，可以找个公司做白领，拿一份还不错的薪水，也可以回海南老家，考公务员，端"铁饭碗"。但就在这时，已经辞职下海的马云来到学校招聘。

当时的中国黄页在马云的苦心经营下已经有了一些起色，准备招兵买马扩大战果，之所以选择到自己教过书的学校招人，一是脸熟，知根知底；二是便宜，都是即将毕业的学生，工资要求不高。像蒋芳一样，戴珊也没有作过多地考虑，就选择加入马云的队伍，她相信自己的老师。

1998年，中国黄页的经营出现问题，不得不与杭州电信合资运营。因为在战略规划、经营理念上存在分歧，马云决定忍痛割爱，离开中国黄页。正当马云痛苦徘徊之际，外经贸部下属的中国国际电子商务中心向他抛来了橄榄枝，邀请他共谋互联网大业。

于是，马云决定北上二次创业，蒋芳、戴珊义无反顾地选择与马云共进退。

在北京时，蒋芳又把金媛影拉进了马云的创业团队。金媛影外号"小孩"，也是马云的学生，当时她在北京五道口听研究生课，经常到外经贸部东郊潘家园的集体宿舍去看同学和老师。有一次，马云问她有什么感觉，她说："不像个公司，像一个家庭。"

这个特殊的大家庭一直深深地吸引着金媛影，在蒋芳的劝说下，金媛影最终决定加入他们，与马云一起并肩作战。金媛影的父亲是位民营企业家，听说女儿要加入一个不为人知的小公司，他担心她上当受骗，于是就亲自跑去查看，知道马云是女儿的老师后就放心了。

良将如潮，皆因"相信"。

很多人的人生之路之所以越走越窄，往往不是因为不够聪明，而是因为他们不再相信，因为不再相信，而错过了一切美好的开始。而蒋芳、戴珊、金媛影因为一个"信"字，无悔地跟着马云风雨兼程，在把阿里巴巴送上巅峰的同时，也为自己的人生创造了无数个高光时刻。

面对选择，很多人常会犹豫不决，甚至陷入迷茫。其实，人生不是两分法，不必纠结于每个选择是对是错，每个选择都是当下，只要你听从自己内心最真实的声音——那个来自"我"的声音，哪怕只是直觉，也要跟随自己内心的选择。跟着心的选择走，勇敢地迈出那一步，就是最好的选择。

第二节 向上生长的力量源于爱

2019 年 9 月 10 日，在阿里巴巴 20 周年的庆祝年会上，彭蕾以一身朋克造型出现在舞台上，她与马云、蔡崇信、王坚组成的"摇滚四人组"倾情献唱，点燃全场。

这一天，彭蕾一定百感交集。阿里巴巴成立 20 年，在这 20 年里，她从未离开过阿里巴巴，对马云更是一路追随，忠心不改。作为"十八罗汉"之一，作为阿里巴巴的灵魂人物之一，她的名字早就已经铭刻在阿里巴巴的纪念碑上，成为不朽的传奇。

彭蕾一向以温婉的形象出现在公众面前，无论何时，她都是一副波澜不惊的样子。马云在内部公开信中曾经这样评价她："有着坚定的内心和杰出的领导力……在我们眼里，她永远是阿里小微文化和价值观薪火相传的家人，是阿里巴巴的心灵伙伴。"

彭蕾的奇遇人生，始于一场风花雪月的爱情。

1994 年，彭蕾从杭州商学院 (今浙江工商大学) 工商管理专业毕业，被分配到浙江财经学院当经济学老师。大学老师不但工作清闲、收入稳定，而且社会地位高，从事这样一份工作，足以令人羡慕。那段时间，彭蕾每天朝九晚五，日子过得平淡如水。

一次偶然的机会，彭蕾结识了比自己高两届的师兄孙彤宇。两个年轻人很快就坠入爱河，并于 1997 年顺理成章地步入了婚姻殿堂。而当时的孙彤宇，刚被马云挖到中国黄页，并凭借出色的工作能力，使中国黄页的广告在策划、宣传和业务推广方面出现了质的飞跃。虽然当时的中国黄页几乎无人知晓，发展前景也不明朗，但孙彤宇却有些偏执地认为，终有一天，中国黄页将会成为行业的领军者。

因为孙彤宇的关系，彭蕾与马云有了一些接触。后来彭蕾在谈到对马云的第一印象时，曾经用"颠覆三观"来形容。她与马云的第一次见面，是在中国黄页的办公室。当时，一个个子瘦小的男人风风火火地走进了办公室，嘴里激动地大喊着："我们也要保钓！"他张牙舞爪的样子，把彭蕾吓了一大跳。当得知这就是马总时，她更是震惊不已，甚至在心中默默嘀咕："这样的人也能当老板？"

1998 年，马云决定北上后，孙彤宇第一时间做出了决定：追随马云到北京去创业！为了爱情，彭蕾毅然决然地打破了手中"金饭碗"，心甘情愿地以"随军家属"的身份加入到了马云的创业团队，去北京开拓更广阔的天地。那一年，她的单位正在分房，但彭蕾义无反顾。

女作家莎乐美说："爱情对男人来说，好似生活中的插曲，而对女人来说，却是她们一生的历史篇章。"彭蕾的选择，恰恰佐证了这句话。

与蒋芳、戴珊、金媛影等因为被马云的个人魅力吸引而加入到阿里巴巴团队的人不同，当时的彭蕾对马云一直挂在嘴上的"创立一家伟大的公司"的梦想感到"既茫然，也没太大兴趣"。而当有人问到彭蕾为何拿着很少一点钱和马云扎在一个很小的房间里拼命，她自然而然地答道：

> 我其实不是信他，我就觉得他特别有趣，你跟他在一起干活永远不会无趣，你永远会觉得很好玩，很刺激，他跟团队在一起的时候，给大家那种精神上的刺激是非常吸引人的。[1]

---

[1] 彭蕾正式卸任！曾坦言：我成功就是因为"小心眼"，见《脱口财经》，2018 年 4 月 9 日。

人生际遇就是如此巧妙。"误入"阿里的彭蕾，从此推开了命运的另一扇大门——门里是一个面向未来的互联网世界，有改变传统经济形态的电子商务，有更具想象空间的互联网金融。

像彭蕾一样因为爱情的力量而加入阿里巴巴的，还有一位阿里女将不得不提，她就是张瑛。

张瑛是马云的妻子，早在杭州师范学院（今杭州师范大学）求学时，两个人便从相识、相知到相爱。毕业之后，他们很快就领了结婚证。很多人都难以理解，张瑛这么清秀的女孩子，为什么会看上其貌不扬的马云？但张瑛说："马云不是个帅男人，我看中的是他能做很多帅男人做不了的事情：组建杭州第一个英语角、为外国游客担任导游赚外快、四处接课做兼职，同时还能成为'杭州十大杰出青年教师'。"

多年来，张瑛一直默默地在背后支持着马云、鼓励着马云，是马云忠实的人生伴侣和得力的事业伙伴。

1995年，马云先是毅然丢掉自己高校老师的"铁饭碗"，接着把张瑛也"拉下了水"。马云在杭州开了一家叫"海博"的翻译社，他利用自己的英语专长打造未来的梦，可是现实却把这个大学老师逼成了一个讨价还价的小商贩。第一个月的收入只有700元，可房租就要2000元。为了维持翻译社的运作，马云不得不去义乌和广州进货，贩卖些鲜花和工艺品。他背着麻袋远离家门的样子让张瑛泪流满面，但马云用坚毅的眼神告诉妻子："总有一天你的眼泪会变成钻石。"

后来，在大多数中国人还不知道Internet为何物的时候，马云又决定砸锅卖铁投身互联网。看到马云这一近乎荒唐的举动，很多朋友都说马云得了失心疯。但张瑛的第一反应不是"你疯了"，而是拿出自己辛苦积攒下的6000块钱，又向亲戚借了钱，东拼西凑出10万块钱交给马云，让他放手一搏。

创业初期的工作是不分昼夜的，每当马云有了什么创意，都会打电话给同事们，让他们来开会。马云满嘴的B2B、C2C、搜索、社区之类的专业术语张瑛听不懂，但马云每次开会的时候，张瑛都是最忙的人。

据张瑛回忆："他们白天开会，我在厨房做饭；他们半夜开会，我在厨房做夜宵，我顶着政委的虚职，干着勤杂工的事。""在没有盈利前，每人每月 500 块薪水，这点钱买菜都不够，家里的'食堂'要保证开伙，加班开会的夜宵品质必须保证。我本来当老师当得好好的，为什么就成了一个倒贴伙食费的老妈子了？"

熬了一年多，张瑛问马云现在到底赚了多少钱，马云伸出一根手指头给张瑛看。"1000 万？"马云摇头。"1 亿？"马云还是摇头，告诉张瑛："100 万。""这么少？""每天。现在是一天利润 100 万，将来，会变成一天纳税 100 万。"

张瑛在马云一无所有的时候跟随了他，在马云被众人质疑的时候选择相信他、站在他身边，在创业初期给了马云物质和精神上的巨大支持，得妻如此，夫复何求？无怪乎在阿里巴巴发展壮大后，马云在很多公开场合都曾经说过：

> 你们记住了阿里巴巴，记住了马云，但是也不要忘了我的妻子张瑛，如果没有我的妻子，就不会有今天的马云，也不会有今天的阿里巴巴。

还有什么爱情，能比相互扶持、成就彼此更为动人？

这样动人心弦的爱情故事，在阿里巴巴的女将们身上还有很多，金媛影与师昱峰、谢琳斐与谢世煌莫不如是。

这些为爱情而一腔孤勇、奋不顾身的女人们，因为机缘巧合走进阿里巴巴，又因为爱，拥有了向上生长的力量，走出舒适区，不断打破边界，在与爱人携手奋斗的道路上获得了爱情与事业的双丰收。

有人说创业是爱情的坟墓，但阿里女将们却用自己的选择与坚持告诉世人：爱情与创业，也可以互相成就。

第三节 不悔初心，坚定始终

阿里巴巴的女将们有一个共同的特点：天生倔强，敢于一条路走到黑。在阿里巴巴早期的艰苦岁月中，她们有无数次机会跳下"贼船"，去过安逸的生活，但她们都选择了与马云一起披荆斩棘、拼尽全力、奋勇前行。

1998年，马云的北京之行并不顺利，在外经贸部"打工"的那段时间，在政府企业里做事时条条框框的束缚、磕绊与畏首畏尾让马云倍感痛苦。敏锐的直觉也告诉马云：中国的网络形势已经在开始发生变化，全世界互联网高潮马上就要到来，留在政府里对不起这千载难逢的良机。

在一番内心的痛苦挣扎与拷问之下，马云最终做出了他人生中一个具有里程碑意义的决定：回杭州。

一天晚上，马云约齐了团队的所有人，对他们说："我要回杭州办一家公司，从头开始，到底做什么，我也只是一个想法，到底会不会成功，我也不知道。如果你们愿意跟我去，我很欢迎。如果你们愿意留在北京，我更高兴，因为你们的生活水平、工资都很高。跟我回去的话，你们的工资是每月500块人民币，没有星期天和节假日。你们住的地方必须距我家5分钟路以内，上班就在我家里。If you agree, come. If you don't agree, forget it. 如果你们想到雅虎、新浪，我都会给你们介绍。"马云给了他们三天时间做决定。

马云的这番话如刀割一般刺痛着所有人脆弱而敏感的神经，更令彭蕾、蒋芳、戴珊、金媛影震惊不已。当时的她们并不知道，此刻的抉择将会改变一生的命运轨迹，但每个人的心中都清楚，留在北京与回到杭州，是两条截然不同的道路。

尽管马云给了三天的考虑时间，但五分钟后，所有人都做出了同样的决定：我们一起回家吧，重新开始！

这是一个像磁铁一样紧紧凝聚在一起的团队，这是一帮情同兄弟姐妹的战斗集体。他们曾经在一起熬过最深的夜，见过清晨的曙光，办公室里时常灯火通明；他们会争论不停，也会一起面对失败、风雨同舟。对马云的决定，他们不是没有过反对、抱怨与犹豫，但到了关键时刻，这些平日里同甘共苦的伙伴们还是义无反顾地坚持自己最初的选择，在理智与情感之间，他们选择了后者。人心，都是肉长的。

后来，彭蕾回忆说："当时几乎没有考虑，一起来的当然一起回去。我对北京没有留恋，对北京的生活不适应，期待回杭州。虽然在北京拿上万，回杭州拿 500，但心理上没什么。"[1]

1998 年除夕前，他们一行人坐了十多个小时的火车，在天亮时分回到杭州，从此开始了在湖畔花园的艰苦岁月。

趁着春节的时间，大家休整了几天。1999 年 2 月 21 日，正月初五，马云就把所有人召集到自己在湖畔花园的新家，开门见山、直入正题地说道："大家跟我从北京回来也有些日子了，现在我们要开始创业了。"

大家面面相觑，都不说话，听马云继续讲："这次我们一起创业，虽然是站在同一条船上，风雨同舟，但有几个原则必须坚持：第一，你们不能向父母借，不能动老人的退休养老钱；第二，你们不能向亲戚朋友去借，不能影响人家一辈子的生活。我们都是愿赌服输，即使真输了也是输自己的钱，大不了我们再重新开始，但绝不能让家人跟着一起遭殃！"

---

[1] 孙燕君：《阿里巴巴神话：马云的美丽新世界》［M］，南京：江苏文艺出版社，2015 年。

大家一边听，一边不约而同地点头，对马云的话表示认可。最后马云说："现在，请把你们身上的钱放到桌子上！"说完这话，马云率先把自己的全部积蓄摆到桌面上，紧接着，他又补充说："需要时我可以把房子卖掉。"

这是真的下了破釜沉舟的决心，完全不给自己留一点儿退路。

在马云的感召下，十几个人都没有吝啬，能借的借，能拉的拉，硬是凑了一笔启动资金，使阿里巴巴网站开始运行了。

事实上，以当时马云的实力，自己拿出 50 万元也不是不可能，但是马云却选择了让大家共同集资组建公司，实在是用心良苦，因为他要的是员工们的"群富"，而不是一个人当"首富"。马云就是要让这些人持有股份，让这家未来的公司成为真正的股份制企业。因此，与其说是让大家艰难地掏钱，不如说是马云慷慨地分给他们股份、期权。

在这次筹建大会上，彭蕾对互联网仍然是一知半解的状态，她后来回忆说："那时候几乎都是马云在讲，说要做一个中国人创办的世界上最伟大的互联网公司，张牙舞爪，而我们就坐在一边偷偷翻白眼。"

她们的疑惑不难理解，毕竟在当时，最火的是雅虎、新浪、亚马逊等门户网站和 B2C 模式，这是经过实践验证的快速崛起的模式，彭蕾等人预设的模式也是建一个类似的模式。因此，当马云提出阿里巴巴要做前所未有的 B2B 时，彭蕾等人都感觉有些丈二和尚摸不着头脑。

但她们都有一个信念，那就是跟着马云走总是没错的，不然大家也不会放弃高薪工作，加入这支队伍了。在回忆起这段经历时，蒋芳曾经说，阿里创业初期能吸引人和激励人，靠的就是彼此之间的信任。

> 吸引人和激励人一直是创业初期领导者的很大困难之一。为什么当时又穷又苦的我们还愿意交钱？靠的就是人和人之间的信任和赏识，以及创业带给我们的成就感、满足感、成长感。

而蒋芳觉得马云最厉害之处就在于：虽然眼前总是一团漆黑，但是他却总能让大家感觉到天亮后的美。

有一次，蒋芳感觉阿里巴巴马上就要无力支撑的时候，马云还在大谈阿里巴巴明年上市的梦想。蒋芳后来说："看马总那么认真地谈梦想，我们不好意思打断他！"

或许正是因为马云的这种执着，才有了阿里巴巴女将们的不悔初心、坚定始终。

在湖畔时代，这群人就像发了疯一般废寝忘食地工作，有些人甚至每天工作 16 到 18 小时。做起事来，彭蕾、戴珊也顾不上自己柔弱的身体吃不吃得消，只知道努力拼。她们跟大伙儿一起，累了就睡在办公室的睡袋里。哪怕是夜里三四点钟，办公室里还是灯火通明，大家日夜不停地搞网站设计，讨论创意和构思。

至今，戴珊还对当时发生的一件趣事记忆犹新：在很长的一段时间里，她每个月就拿 500 块钱的工资，在湖畔花园附近几步路就能走到的地方租房子住，几个人一起合租，吃饭基本就是 3 块钱的盒饭。她很喜欢吃梅干菜，有一次吃着盒饭，她突然对大家说："等我有钱了，我就去买一屋子的梅干菜！"

多么单纯的想法！那时的她，尚且稚嫩，只凭着一股选择了就坚持到底的信念，陪伴着阿里巴巴一路成长至今，风雨无悔。一个人的出发往往是容易的，只要迈开步伐往前走就可以。然而，当在这条路上渐行渐远时，又有多少人会始终坚定如初，沿着同一个方向步履不停？

所以，无论做什么事情，保持初心最重要。其实，初心是在每个人心底无意播种下的一粒种子，它虽然很小，却在默默成长中滋养着每个人的内心。只要我们顺着藤茎往深处探寻，便能够看清曾经的自己，也就能找到这份初心，就不会忘了自己为什么出发。

时光荏苒，20 余年里，阿里女将们之所以能耐得住寂寞，成长为如今独当一面的女强人，正是因为对初心的坚持、对马云的相信和对阿里巴巴的坚守。

而这，也是命运对执着之人最好的回馈。

第四节 最是真情能动人

马云曾经用一句话来总结他眼中的阿里巴巴——"一群有情有义的人，一起做一件有意义的事。"

或许，这正是阿里巴巴非凡凝聚力的源泉，也是无数卓越的人才选择阿里巴巴的原因。

2010 年加入阿里巴巴的郑俊芳，正是被彭蕾对员工的情义所打动，才坚定了留在阿里巴巴的决心。

在公开场合，郑俊芳喜欢这样介绍自己："我的名字叫郑俊芳，是一个特别土、特别有时代特色的名字，大家一听基本上就知道是 70 后的，英文名字是 Jacie，花名叫'灭绝师太'。"她长着一张圆圆的脸蛋，看上去非常和气，平时说话也非常柔和，但在她平易近人的外表之下，还隐藏着另外一面：做起事来雷厉风行，极有原则，一旦有人碰到她的底线，则非常决绝。

像蒋芳一样，郑俊芳也是从农村走出来的穷孩子，依靠知识改变了自己的命运。大学时期，郑俊芳学的是会计专业，毕业后，她顺利地入职一家国企的财务部门，捧上了很多人梦寐以求的"金饭碗"。然而，在国企工作一段时间后，郑俊芳无奈地发现，这份工作与自己一直以来的理念并不契合。在当时的观念里，财务永远属于后台，但是郑俊芳骨子里有一股不服输的拼劲儿，她特别想冲到前台，用财务为公司赚钱。

没过多久，她就厌倦了这份稳定却无趣的工作。20 世纪 90 年代末期，正当马云率领着他的团队北上南下不断进行创业尝试时，郑俊芳也毅然决然地放弃了"金饭碗"，跳槽到了专业会计师事务所毕马威。在毕马威，郑俊芳一待就是13年。在那里，她找到了用武之地，她的能力得到了淋漓尽致的发挥，一直做到了合伙人。

但是，出人意料的是，2010年，郑俊芳竟然放弃了这份令人艳羡的高薪工作，再度选择跳槽。这一次，她的目的地正是阿里巴巴。

为了把这个难得的人才留住，郑俊芳的资深合伙人一再对她进行劝说，还对她说："你要知道，其实你不用去阿里，只要在毕马威做合伙人直到退休，你知道你能够赚到多大的一个数字。"

但这并未阻止郑俊芳投奔阿里巴巴的决心。

从那之后，家在北京的郑俊芳就成了北京与杭州之间的"空中飞人"，开始了辛苦的"双城生活"。有一次，郑俊芳的女儿到了杭州，看到妈妈工作如此辛苦，还要在两地之间奔波，心疼不已，她哭着告诉妈妈"我们支持你"，于是一家人从北京移居杭州，这才结束了这种两地奔忙的生活。

对郑俊芳的选择，很多人都感到不解，有的朋友甚至会直接问她："为什么要抛弃舒适区进入另一个挑战区，这不是自找罪受？"

但郑俊芳有自己的决断，她曾经说："如果像资深合伙人说的那样一直做到退休，给自己的下一代或者下下代去讲曾经的经历，自豪感会差一点儿。而现在，最起码等退休的时候会觉得在整个中国经济发展的大潮中，自己是深度参与的，即便自己只是做了个人微小的贡献，也会为自己曾经做的事情感到自豪。"

不过，真正让她从内心深处认定阿里巴巴、坚定自己的选择的，是那场轰轰烈烈的千名"中国供应商"因涉嫌欺诈被终止服务的事件。

当时，她刚刚加入阿里巴巴不到3个月，就参加了高管处理此事的会议。在会议上，她看到彭蕾说到激动处流下了热泪，忍不住也哭了。在事务所打拼多年，她看过形形色色的公司，但是没有一家公司像阿里巴巴这样重情重义，这深深触动了郑俊芳心中那根柔软的弦儿。从会议室出来后，她就哭着给武卫打电话说："Maggie，我来对地方了。"

在一次采访中，回忆当时的情景，郑俊芳仍然深有感触：

> 当时我参加高管处理此事的会议，看到Lucy（彭蕾）等高管在会上说到激动处流下眼泪，我自己也哭了，从会议室出来后当时就哭着给Maggie（武卫）打电话。我在事务所看过很多公司，但是今天我觉得，阿里这批人他们看这个事情的时候，是用心看，是用情用人，回到了做人的本身，而不是用看生意的方式。这件事情第一次给我身上打下了个特别深的烙印，让我相信这帮人不是纯粹做生意的生意人，真的是一群有情有义的人，直白点儿说，是用真我在做阿里，而不是把它当成一门生意。一直到现在为止，这都是发生在我身上最最深刻的一件事情。

最是真情能动人。

都说女性更加感性，但感性之下做出的选择却往往更加本真。她们相信自己的直觉，并在直觉的指引之下做出了恰当的选择。

正是因为如此，郑俊芳才会由衷地感慨"我来对地方了"，也才会有越来越多的人像她一样，选择阿里巴巴，认定阿里巴巴，与阿里巴巴同心勠力、共进退。

第二章

通达人性：洞察人心才能打动人心

马云说："男人能把公司做大，女人能把公司做好。把公司做好，比把公司做大重要得多。"女人之所以能把公司做好，是因为她们善于向内探索人的内心。而阿里巴巴的成功，从某种程度来说，就源于阿里女将们长久以来对人性和人心的准确洞见。

第一节 用触碰心灵的方式管理人

在商业世界，无论是男人还是女人，都有各自的特点和优势。男人不断地向外去探索宇宙，而女人则善于向内探索人的内心。

正如 2019 年 8 月 28 日，在全球女性创业者大会上马云所说：

> 男人了解世界，而女人了解心灵。大家有时候有这个感受，骗老爸一骗一个准，骗老妈非常难，因为她懂得心灵，她懂得的是人。男人关注自己很多，女人关注别人很多，关注家庭、关注丈夫、关注孩子、关注同事。女性对别人的感受、对别人的体验更加用心，更会沟通，对美有更深的理解，这是女性成功的要素。[1]

在阿里巴巴，女性高管们都有一个共同的特点，那就是通达人性，善于洞察人心。彭蕾就曾提出一个非常独特的观点：让"职场"变成"情场"，用触碰心灵的方式管理人。

在阿里巴巴的初创期，彭蕾身兼数职，不但要管财务、管市场，还要管招聘、管服务。在把阿里巴巴的各个岗位都干了个遍后，她的职责被定位为"管人"。

从最初的"十八罗汉"，到后来的两万多名员工，彭蕾通过合理

---

[1] 引自 2019 年 8 月 28 日马云在 2019 全球女性创业者大会上的演讲。

配置人力资源、严谨的考核机制、塑造统一价值观，帮爱做梦的马云
——圆梦。

熟悉马云的人都知道，马云的想法从来都是天马行空的，但彭蕾
的过人之处，就在于她懂得如何将马云的那些务虚的想法，翻译成人
人都能听得懂、做得来的话。

创业初期，马云经常提什么"独孤九剑""六脉神剑"这样的词，
听起来头头是道，做起来谁也不知道是什么鬼。彭蕾只能一条条琢磨
着使其变得具体化、可执行，比如"六脉神剑"中说要"团队合作"，
彭蕾就规定为：有意见开会说，开完会埋头干，免得当面没意见，背
后牢骚多。通过她的细化、具体化，马云提出来的这些看起来虚无缥
缈的企业文化才得以一一实现、落地。

彭蕾并非人力资源科班出身，不过在管理上总能想出一些新颖的
招数，比如，阿里巴巴 10 周年的时候，彭蕾提出"打造员工幸福指数"
这个概念，因为她真正从员工的角度出发，希望员工实现心灵和工作
的平衡，在阿里巴巴获得幸福感。

2010 年，在彭蕾离开人力资源管理岗位转战业务部门时，曾经在
内部分享了自己的一些心得：

> 我讨厌"职场"这个词，一说到这个词，生活马上变得很无
> 趣，工作也变得没有血肉和情感。也许这是我的一种偏执理解，
> 但"职场"这个词真的不能把我们的工作环境全面、丰富而完整
> 地概括出来。其中缺失的元素是什么呢？职场，除了是一个职业
> 活动场所之外，还应该是一个情感交汇的场所。我们可以算一下，
> 我们的一生中，有多少时间是在工作的？我们和同事在一起的时
> 间，是不是比和自己父母在一起的时间还要多？如果说你和同事
> 一起工作的时候，感受不到自己心灵的成长，感受不到快乐和丰富，
> 感受不到自我成就的喜悦，那么工作将变得特别痛苦。每天早上
> 张开眼睛，想到又要和这些老面孔在一起，又要看上司的臭脸，

还要面对一大堆让自己不开心的事情……能有什么动力叫自己起床呢？所以，我想把"职场"变成"情场"，创造一些元素让我们的感受不一样。外界听到这个说法，就会觉得阿里巴巴特别怪。他们会认为工作就是工作，在工作中付出后拿到回报，然后获得评价，该怎么样秋后算账、奖赏惩罚，一笔一笔分分明明，这不就是工作吗？事实上，关注员工情感上的归宿，其实比大部分事情都重要。

什么是"情"？团队与团队之间的对话、互动，上下级之间交流的方式，同事之间的合作方式，等等，这些平常看来只是工作、沟通的事情，彭蕾都将其归结为"情"，是不可或缺的。而公司CEO，更要拥有"大情"，要明确公司将以何种方式往哪个方向发展，也就是公司的使命、愿景必须要明确地落到纸上，进而落进每一个员工的心里。

彭蕾坚信，如果一家企业能把冰冷的职场变成情感交汇的情场，让员工在上班时间也可以还原成情感丰富的完整人，并给予其尊重，让他们在工作中获得幸福，他们一定不会辜负这家企业，会心甘情愿地与这家企业风雨同舟、荣辱与共。

在猎头圈曾经流传着这样一段话：阿里的人最难挖，不认同的早跑了，剩下的都是死忠粉。而这种超强的认同感，与彭蕾的人性管理有着莫大的关系。

多年的人力资源管理经历，还练就了彭蕾鉴人识人的火眼金睛。她为阿里巴巴招揽、培养了大批得力干将。童文红就是被彭蕾一路提拔，从前台最后做到了菜鸟网络的掌门人，成就一段从前台小妹到亿万富豪的逆袭传奇。

在挖掘人才方面，彭蕾从来都是一个不按套路出牌的人。只要是她看中的人才，她会竭尽所能地挖过来，给予其更大的施展平台，真正做到人尽其才、物尽其用。有一次，她曾经自曝，为了得到渴求的人才，她还使过"忽悠"的浑招。阿里巴巴技术委员会主席王坚就是被她这个不懂技术的人"忽悠"来的一个技术大神。

2008 年的阿里巴巴被很多人认为是一家卖货公司，但马云却有自己的野心。当时，马云召集阿里巴巴的高管们在宁波开了一次战略会，决定要把淘宝、支付宝、B2B 等子公司的底层数据打通，实现"商业新文明"。为此，阿里巴巴迫切需要寻找一个技术"救星"。

正在微软亚洲技术研究院就职的王坚就这样进入了彭蕾的视野。但要挖动王坚，谈何容易！为了说服王坚加盟阿里巴巴挑起技术大梁，彭蕾扯出了一个让交易大数据产生化学反应的"奔月计划"。后来彭蕾说："直到今天，我也说不太清楚这个所谓的'奔月计划'和大数据战略有什么关系。"

但王坚却被彭蕾说的一句话打动了，她说，阿里巴巴的数据就是一座金山，但不知道如何挖掘，现在是坐在金山上吃馒头。

2008 年，王坚从微软亚洲技术研究院空降阿里，担任首席架构师。此后的王坚不仅操盘阿里巴巴的技术架构，还帮助阿里巴巴建立了世界级的技术团队，缔造出与亚马逊、微软并称"全球三大云服务商"的阿里云。

这就是彭蕾，善于攻心。

如今，互联网经济正在改变着整个世界，如马云所说，"我们正身处一个从 IT 进入到 DT 驱动的时代"。这不仅仅意味着技术的提升，同时也是思想观念的提升。二者的区别在于，IT 时代以"自我"为中心，DT 时代则以"别人"为中心，让别人更强大，更多的融合、共享。

彼得·德鲁克说过：时代的转变，恰好符合了女性的特质。在这个全新的时代，像彭蕾这样善于攻心的女性领导者得到了更大的施展空间。因为女性更包容、更温和、更容易换位思考，也更注意个性化关怀，因此更能让下属感受到魅力、感召力。女性更善于倾听，更关注跟大家沟通的效果，也更愿意跟别人分享自己的意见，在决策的过程中，可以听到更多的声音，得到更全面的信息，也可以更加稳妥地去做决定。

正是因为发挥了这样的长处，彭蕾在阿里巴巴所扮演的角色才会越来越重要，甚至成为阿里巴巴当之无愧的灵魂守护者。彭蕾说她享受和一群人做事的感觉，并形容工作是"看护着一群人以及凝聚他们的那种力量"。在她的带领下，阿里巴巴迅速发展壮大，吸纳了数不胜数的人才，为阿里巴巴帝国打下了非常牢固的基础。

> 在我的 HR 生涯中，我曾是一个活在心灵世界中的人。我两年前有一个理想，就是希望能找到一种触碰人心灵的方式，促进员工个人以及带动团队、组织成长，从而带动业务的成长，进而给更多的人创造价值，让更多的人生活更美好。

这是彭蕾最奢侈的梦想，但在她执掌阿里巴巴人力资源部的 10 年里，这个梦想已经落地开花。

马云对彭蕾曾经有过很多评价，但总显得有些不接地气。2018 年 4 月，彭蕾卸任蚂蚁金服董事长时，马云说："带领蚂蚁走过的这 8 年，彭蕾用她坚定的内心和杰出的领导力，用女性独有的温暖和洞察，让一个支付工具充满了爱、信任和责任感。"但这之后不久，彭蕾却在《人民日报》的直播访谈中做出回应："我跟他说过，没有那么夸张，这个让我受不了，真的太过了。"

或许，彭蕾的继任者、蚂蚁金服董事长兼 CEO 井贤栋的评价更真实："她极为懂人、极会用人，擅长很好地将整个组织的使命、愿景与组织能力相结合。"

第二节　洞察人心方能点名成金

　　如今的淘宝已是"天下谁人不识君"，但很多人都不知道，这个名字是如何诞生的。

　　2002 年，一个叫叶枫的姑娘正为了找工作四处奔波。有一天，《杭州日报》上一则别出心裁的广告吸引了她的视线："If not now, when？ If not me，who？"这是阿里巴巴的招牌广告。后来，叶枫回忆道："一种'此时此刻，舍我其谁'的气场一下子吸引了我，放下报纸我就投了简历。"

　　不久之后，有人打来电话，邀请她到阿里巴巴面试。当时面试她的是张瑛和彭蕾，经过一番交流后，叶枫就成了阿里巴巴的第 567 号员工，花名"阿珂"，职位是电话销售员，顶头上司是绰号"小孩"的金媛影。

　　加入阿里巴巴，在叶枫看来，是一场冥冥之中的缘分：

　　　　我的人生如果没有"阿里"这两个字，就和普通人一样，没什么特别。但我很幸运，正好走在马路上被阿里捡走。我很感激当时的几个老板，把我挑选到淘宝，他们都是我的贵人。[1]

---

　　[1] 引自《丑故事》刊载的文章《给淘宝网起名的姑娘阿珂，讲述刻骨铭心的 14 年青春》。

叶枫是一个土生土长的杭州女孩，兴趣十分广泛，其中，最大的爱好就是逛街。她经常会出现在杭州城西和湖畔花园门口的小店，东看西看逛得迈不开脚。用她的话说就是"好像它们就是我生命的一部分"。她享受逛街的过程，虽然有时候可能什么都不买，但在她看来，"逛的乐趣往往大过于买。可能99%都是逛，只有剩下的那个1%才是心动。"

女人所独有的敏感、投入与细腻，在她逛街的时候体现得淋漓尽致。不过，当时的叶枫并不知道，这些特质将会在中国最大电商平台的成长过程中发挥巨大的作用。

2003年4月10日，马云突然把叶枫叫进了他的办公室，一脸严肃地对她说："公司有一件秘密任务需要你们去完成，如果你愿意去做，那么就在桌上这份文件上签字；如果不愿意去做，那你可以离开办公室。但无论是否愿意，你都必须承诺保密，如果你签了这份协议，那就必须单独与一个团队工作一阵子，甚至连家人也不能告知。"

紧接着，一沓厚厚的文件就交到了叶枫手里。叶枫粗略一看，几乎全都是英文，如同天书一般。她没怎么考虑，就问马云："名字签在哪里？"然后就极其潇洒地在那份文件上签下了自己的名字。

"虽然那个时候，还不知道要做什么，但真的很兴奋，很刺激，就像特工去执行秘密任务一样。"叶枫至今还记得当时的感觉。

叶枫接到的秘密任务是做出一个个人对个人（C2C）的商品交易网站。参与这个项目的人员还有周岚（马云秘书）、孙彤宇（财神）、姜鹏（三丰）、师昱峰（虚竹）、麻长炜（二当家）、柴栋（小宝）、寿远（破天）、蔡景现（多隆）。马云要求他们绝对保密："连说梦话被老婆听到都不行，谁要是透漏出去，我将追杀到天涯海角。"

有人问马云："做这个网站的期限是多长时间？"

马云答："一个月，30天之内你们让这个C2C网站上线，最后期限是5月10日。"

听了这话，这些人的嘴巴半天都没有合拢：天，怎么可能在一个月的时间里完成这样一个任务！

但马云只是笑了笑，什么也没说。

其实，马云之所以如此布局，目的非常明确，就是与步步紧逼的阿里巴巴的竞争对手 eBay 易趣分庭抗礼。易趣是一个 C2C 拍卖网站，是海归精英邵亦波与他的哈佛同学谭海音于 1999 年一同创办的，凭借模仿美国 eBay 以收取卖家登录费和商品交易服务费为盈利手段，顺利实现了盈利，发展速度令人咋舌。

2002 年 3 月，eBay 投入 3000 万美元巨资入股易趣网，占股 33%，这意味着两大巨头正式结盟；到 2003 年，eBay 用 1.5 亿美金收购易趣剩下的股份，易趣改名为 eBay 易趣。两大巨头联手，对阿里巴巴造成了巨大的威胁。

在易趣和 eBay 的两面夹击下，阿里巴巴到了生死存亡的紧要关头。为了挽回败局，马云只能主动反击，不过，为了不被竞争对手发现，也为了赢得时间，他决定秘密进行。因此，在阿里巴巴内部，这个项目也鲜为人知。

从此之后，叶枫和她的伙伴们就变成了"地下党"，消失得无影无踪。公司里见不到人影，听不到声音，偶尔在雅虎通上遇到同事，他们也是支支吾吾，守口如瓶。除了马云和公司几个高管，没有人知道这群人干什么去了。

那时，叶枫吃住都在湖畔花园的公寓里，每周只能回家一天。每天的工作强度很大，白天和客户沟通见面，晚上还有很多会要开，有时候做梦都在开会。

不过，那段日子虽然疲累不堪，但在叶枫的记忆里却始终闪闪发光：

> 大家都非常喜欢这个环境，因为阿里的小伙伴们很可爱，很有趣，有默契。有一天，有一只鸟飞进了屋子，我们叫它"淘淘"。因为大家桌上都放着很多零食，它就干脆赖着不走了。小鸟吃完

了会拉屎，拉得到处都是。有一天，我发现坐在边上的小宝一边戴着头盔一边工作，他说这样鸟就不会在他头发上拉屎了。小宝会用扬声器放一些流行歌曲，一首歌能够单曲循环一个月。最后我实在受不了了，就说："关掉！请你把这首歌关掉！"后来小宝就戴着耳机，头上顶个头盔，非常好玩。

到 2003 年 5 月初，在叶枫和伙伴们的艰苦奋战下，阿里巴巴的 C2C 网站终于进入了内部测试阶段，此时，取名字的事提上了日程。大家都停下了手头的工作，专心为这个网站取名。众人经过一番苦苦思索后在小黑板上写几个名字，但大家都觉得好像差了点儿什么。

叶枫也在绞尽脑汁地想究竟取什么名，喜欢逛街的她自然而然地把自己放到了"逛店者"的位置。她想，逛街购物是一个精挑细选的过程，在网上购物也是一样，"只不过它换了一种形式，本来是用脚逛的，现在变成用手逛，而且可以随时随地逛"。无论是在现实中逛街，还是在网上购物，大家享受的都是"淘"的乐趣，都希望能淘到性价比高的"宝贝"。想着想着，她感觉自己脑子里突然灵光一现，于是拿起笔来在黑板上写下了一个名字——"淘宝"。

大家眼前一亮，纷纷赞叹不已：逛街购物千挑万选的过程通过"淘宝"两个字表现得淋漓尽致，真的是四两拨千斤。

就这样，"淘宝"的名字横空出世。

为淘宝取名，对叶枫来说，是一种幸运："我对文字的东西略敏感，这个是性格特点，不管什么时候，我都会想到这个点上去。能给这个'美丽世界'命名，是我的幸运。"

一个月后，淘宝网正式上线。淘宝商城上的第一批商品都来自淘宝团队，当时，叶枫回家翻箱倒柜找了半天，找了好几件物品，拿到淘宝网上售卖。其中有一把龙泉宝剑，出价 300 元，被"虚竹"师昱峰一眼看上了，成为淘宝售出的第一件商品。

一开始，在淘宝上进行买卖的都是"自己人"。到了 2003 年 10 月，终于出现了一位外部卖家。当时，西安工业大学一位叫作焦振中的学生在淘宝看中一台700多元的二手富士相机，而卖家崔卫平却远在日本横滨。好不容易谈拢价格后，在付款方式上，两个人却产生了分歧，于是他们决定试用一个叫"担保交易"的新功能。

焦振中随后便按照流程给淘宝转账了750元，不过，很快，他就后悔了，要求退款，理由是不了解淘宝的担保交易，不信任它。

所有人都非常沮丧，这时，一个叫梁彬的广州女孩站了出来。不想放弃的她急忙联系焦振中，报了自己的名字、工号和手机，耐心地向他解释担保交易的原理、流程和细节，并向他承诺："如果出了问题，我用工资赔你。"

女孩都把话说到这个程度了，焦振中终于放下了自己的戒心，决定不退款了。顿时，房间里一片欢腾。

因为女人的耐性与体贴，全球第一笔淘宝担保交易就这样诞生了。

在梁彬带来好彩头后，淘宝团队觉得应该为这种担保交易方式取一个正式的名字，叫什么呢？

叶枫的脑子里面再次灵光一现，她认为有了"大宝（淘宝）"就应该有"小宝"，而且"宝"字又与"担保"中的"保"同音，于是，这种担保交易方式就被命名为"支付宝"。

在一个女人对人心的洞察下，支付宝正式登上了历史的舞台。

唯有洞察人心，才能打动人心。如今的淘宝、支付宝能广为人知，叶枫功不可没。

风起时，人们往往只把目光投向浪尖，然而，托起潮涌的却是大海。在阿里巴巴的故事里，像叶枫、梁彬这样的女性到底有多重要，马云最清楚，所以他才会说："没有女性，就没有阿里巴巴。"

第三节 "亲"，是商道也是人道

每天，都有好几亿人逛淘宝，在跟客服打交道的时候，我们听到最多的一个字就是"亲"。无论你是咨询问题还是催发货，客服首先奉上的，永远都是一声云淡风轻的"亲"。

说到"亲"这个称呼，可能很少有人去细想过它的来历。其实，"亲"的发明，是叶枫对淘宝作出的另一个巨大贡献。

在淘宝创立之初，作为淘宝团队里为数不多的女生，叶枫为早期淘宝增加了许多流行元素，让淘宝不再死板，变得更时尚、更有活力。

叶枫曾经在一次采访中解释过"亲"的由来：

当年我们都还在湖畔花园马总家里办公的时候，通讯基本靠吼。那时候已经开始称呼花名，后来用户越来越多，会员也越来越多，开始用 e-mail 邮件。当时在论坛解答问题，或者写邮件的时候，比较习惯用"Dear all"，但是觉得和当时淘宝"好玩"的那个氛围还是差了点儿味道。然后，我们就改成了"亲爱的们"，直译过来的，很直白，后来又觉得还可以再压缩，最后改成了"亲"。后来发现这个词还蛮有意思的，以前也没有人那么称呼过，也觉得这个词蛮能表达那种感觉的，然后慢慢地大家都沿用，直到变成了现在这样子。

后来，随着淘宝的日渐崛起，"亲"这个字在网络上也越来越火，到后来，已经成为中国年轻人最高频的流行语之一，更成为互联网乃至日常生活中人们最常用的一种打招呼方式。

时间转眼到了 2013 年，淘宝成立 10 周年的时候，淘宝人又赋予了"亲"新的含义——"见面才是亲，有心就是爱"，给这个问候语增添了几分不一样的味道。

在《弟子规》中，有这样几句："亲爱我，孝何难；亲憎我，孝方贤。"

其实，"亲"本来指的是父母，而在淘宝上称呼客户为"亲"，也就是把客户当成自己的"衣食父母"：客户来到淘宝，就会为淘宝的各个店铺带来生意，有生意就会有利润，有利润就能使很多人得以生存和生活，因此，说客户是衣食父母，一点儿也不夸张。自己的衣食父母，当然是"亲"，一定要用一颗真诚的心好好对待，要设身处地地为他们着想。

服务，我们每一个人都懂，但要把它做好却非常难。

一个从来就不懂得感恩的人去做服务，做到最后不但留不住客户，甚至还会和一批批的客户结下梁子，不欢而散；而一个懂得感恩、把客户放在第一位的人，却能使成千上万的客户成为回头客，而这些客户又将会为他们带来越来越多的客户。这就是服务的差别。

所谓大道至简，一个简单的"亲"字，将淘宝人对客户的重视体现得淋漓尽致。把客户当成"亲"，把客户放在心上，既是商道，也是人道，而这一切都得益于叶枫的奇思妙想。

马云和阿里巴巴再次享受到了女性思维带来的好处！

从湖畔花园到华星科技大厦，再到西溪园区阿里巴巴总部，叶枫在阿里巴巴整整待了 15 年。

这些年，阿里巴巴早已融入了叶枫的生命，太多的往事和记忆，已经成为她深入骨髓的温暖印记：

阿里 10 周年我们在黄龙体育馆一起嗨的画面；小伙伴们一起

过生日，很开心的画面；一起吃完饭，手牵着手在园区里散步、买水果的画面；一起加班，一起做表格，不知道累的画面；华星科技很大很大的办公室，没有任何隔断的画面；在 11 楼参加入职培训，边上都是新同学的画面；湖畔花园的客厅、阳台的画面；在园区里从这头走到那头，看看那几只鹅都很幸福……这些片段就像幻灯片一样，一张张闪回。那些不开心、不愉快的事，好像都忘记了。出现的全是感动、温暖、开心的画面。[1]

她热爱阿里巴巴，在她的心中，阿里巴巴永远是能带着人不断向前走、不断成长的公司：

> 它像一个巨大的旋涡，不断把人带进来，变成一个自发的学习势能往前走。一个念头、想法起来，就马上说要把这个东西做出来。它就是这么一个很牛逼的公司，不断把人往这个旋涡里带。

她感恩阿里巴巴，因为阿里巴巴，她的人生才能如此丰盈：

> 感谢阿里巴巴给了我生命更多的可能，给了我如此丰富的经历，让我的青春如火焰般热烈，可以过这么天马行空的生活。

不过，天下无不散的筵席，2016 年 4 月 29 日，叶枫带着那些闪闪发光的回忆离开了阿里巴巴。离开当天，她打开内网，在"阿里味儿"上写下一段话：

---

[1] 引自《丑故事》刊载的文章《给淘宝网起名的姑娘阿珂，讲述刻骨铭心的 14 年青春》。

和你们在一起的每一天，都是我的幸运，都是我的珍藏，都是我前行路上力量的源泉。我能想到的最好的感恩，就是继续向前，继续去哭，去笑，去体验，去经历，去勇敢地爱，去快乐地活！山高水长，江湖再见！会再见的，因为我们身上有一种相同的味道，因为我就是你，因为你就是我！

你不在江湖，但江湖已留下你的传奇。在阿里巴巴的功劳簿上，叶枫注定会留下浓墨重彩的一笔。

第四节　同理心，是创造价值的基石

在如今这个电商兴盛的时代，"购物车"几乎成了所有男人的噩梦。"爱她，就帮她清空购物车。"一提起购物车，男人们总是如临大敌，忍不住捂紧钱包。但谁能想到，淘宝上"购物车"这个功能，其实最开始是女性产品经理们为男人发明的。

80后的陈丽娟见证了淘宝购物车诞生的全过程。

陈丽娟第一次听说马云的名字，是在2000年，那时她还是一名学生，在浙江大学读书。"当时看电视的时候，有很多网易、搜狐、新浪的大佬们，马老师应该就是代表一个小公司上去跟他们讲一段话，他长得很有特点，但是又讲得特别的宏伟。所以让我深深记住了他。"

陈丽娟看到的那期电视节目，正是童文红操刀主办的第一届"西湖论剑"。

2003年，陈丽娟从浙江大学计算机系毕业，随后就加入了阿里巴巴，算得上是土生土长的阿里人。当时，她来阿里巴巴求职时，面试她的是马云的夫人张瑛，培训她的则是后来成为阿里巴巴最年轻合伙人的彭翼捷。当时，陈丽娟就觉得，在阿里巴巴，"没有女人做不了的事"。

陈丽娟的花名是"浅雪"，但她本人却与这个名字自带的清冷气质有些不符。她像一般女生一样，爱笑，爱热闹，也爱买买买。她常开玩笑说："我们这群人是白天在淘宝上班赚钱，晚上回家在淘宝上花钱的败家娘们。"

陈丽娟是淘宝的第一代女性产品经理。当时，由于互联网的蓬勃发展，中国网民的数量剧增，阿里巴巴也随之迅速成长起来。随着公司规模的不断扩大，越来越多的人加入到这支队伍中，女性员工的数量更是与日俱增。阿里巴巴的女将们在贡献创造力之余，还开始独当一面。淘宝上很多在今天看来理所当然的功能，都是出自女人之手，比如"购物车"。

早期的淘宝只有"收藏夹"，没有"购物车"。喜欢货比三家的女孩会把自己看好的商品放进收藏夹里，然后再把同类商品进行比较，充分享受足不出户便可"逛街购物"的乐趣。

然而，陈丽娟和其他女性产品经理们在经过仔细观察后，发现了一件有趣的事情：男人的购物习惯与女人有很大不同，他们不喜欢漫无目的地闲逛，如果他们看好一件商品，通常会直接下单。这与他们在现实生活中的购物行为是完全一致的。因此，他们根本不需要收藏夹！

那么，怎么才能让男人们方便快捷地在淘宝上购物？这些女性产品经理们想到了一个奇妙的主意：为订单增加合并支付功能，使得不同店铺的商品，可以在结账的时候合并支付，这样一来，那些怕麻烦的男人们"只跑一趟"就行，大大节约了他们的时间，提高了购物效率。

"购物车"的想法一提出来，就受到了公司内部男同事的一致点赞。后来，在做淘宝商城（天猫商城的前身）的时候，"购物车"就应运而生了。

现在，几乎所有的电商网站都有"购物车"，中国人几乎人手一辆淘宝"购物车"。作为产品经理，陈丽娟自己都没有想到，这样一个从细微处入手、方便男性一起付款的日常需求，竟然产生了如此深远的影响，成为现在网络购物必不可少的一个基本功能。

同理心，是创造价值的基石。"购物车"的问世，正是源于女性产品经理们为男性用户考虑的同理心。

职场的个人修炼，极其重要的一种能力就是同理心。一个人如果能真正地站在别人的角度，去分析和思考，去理解和感受，就能拥有直达人心的力量。在这方面，女性往往比男性更有优势。

从生理的角度来说，女性在体力上不如男性，具有先天的弱势。而且女性还要承担生育的重任，在职场上很容易遭遇瓶颈，即便等生育完回归职场，也会遇到很多问题。在传统的社会规则下，人们也普遍认为女性应该更多地承担家庭的责任。在这种文化的熏陶下，无论是在社会生活还是在商业领域，女性都一直处于从属地位。男性为自己考虑得比较多，而女性却为他人考虑得较多，要考虑双方父母，要考虑孩子，等等。性别带来的困难，使得女性较男性更能对别人的不幸与困难产生共情，使她们拥有强大的换位思考能力。

这种同理心，使女性可以更轻松地从用户的情感出发，站在用户的角度去想，用户需要的到底是什么，而不是我可以给的是什么。因此，女性比男性更容易洞察用户需求，以他人为中心，去服务用户，创造用户价值。

正因为如此，"购物车"才会恰到好处地挠中诸多用户的"痒处"。

除了"购物车"之外，今天我们早已习以为常的商品评价和店铺信用体系，也是陈丽娟等女性产品经理一步步搭建出来的。这些功能人人会用到，却容易被忽略。它们虽然看上去不起眼，却一起促成了今天互联网电商繁荣的局面，它们就像一颗不停跳跃的心脏，商业的血液从这里涌出。它们是互联网电商的基石，价值无可估量，却不显山露水。

2019 年 8 月 28 日，在全球女性创业者大会上，马云说：

> 今天人人都在讨论人工智能，讨论机器智能，讨论各种各样的技术，人们习惯性地认为技术时代就是男性主导的时代。但是在阿里巴巴，我们并不这么认为，女性在技术人员的占比确实只有 13%，但是我们 51% 的设计师，接近一半的产品测试人员都是女性。我们有一个产品叫天猫精灵，天猫精灵的代码是男工程师写的，但是负责设计和训练的主要是女性，就算到了机器人的世界，决定美、决定好的标准依然是女性。

马云所说的天猫精灵，正是陈丽娟的团队研发的。

2016年，35岁的陈丽娟被任命为阿里人工智能实验室总经理。她一直认为，无论阿里巴巴的规模发展得多大，都要坚持做技术创新，那年，她和另外四个人组成了一个小团队，开始做语音小助手。一年后，这支五人小团队就做成了第一款AI消费级产品——天猫精灵智能音箱。

如今"人工智能"这个词已经人尽皆知，但陈丽娟刚开始做天猫精灵的时候，却只能摸着石头过河。天猫精灵由两个词组成——天猫和精灵，后面一个词代表这款产品很聪明，能干很多事儿，比如帮你开灯、开电视、陪你聊天。要实现这些功能，天猫精灵就必须长在物联网上。其实在2016年，整个物联网行业，WIFI数字化模组规模才10万片，并且还只是植入，设备根本没连接。但陈丽娟就觉得，智能网络是另外一张平行于互联网的网，万物互联的时代肯定会到来。阿里巴巴有句话叫"因为相信，所以看见"，正是因为相信，她便义无反顾地冲了进去。

陈丽娟喜欢把一句阿里土话挂在嘴边："办法总比困难多。"面对困难，她从不害怕，只是闷着脑袋想办法，后来就真想出了各种办法。有一次，她在内部分享时，还提到了这一点：

> 很多人碰到困难和挑战的时候容易害怕，因为你爬的山太高了。我们要做人工智能，可能未来三十年都不知道是什么样子，启动的时候又只有五个人，谁知道要做多久，能走多远。要如何做到不害怕呢？你就想着"办法肯定比困难多"。

天猫精灵智能音箱产品刚一推出，就火了，其出货量连续四个季度在全球排名第三、中国排名第一。不过，陈丽娟对天猫精灵这个产品的认可，不在于它创造的业绩有多么辉煌：

> 做天猫精灵是为了关爱和链接，这是个非常女性视角的事情，我最欣喜的一次，是有个用户跟我说，他们家小朋友正在学说话，

最近新学了一个字"猫"，就是天猫精灵的那个"猫"，因为这个小孩子苦恼的时候，妈妈经常让天猫精灵放个音乐逗他开心。

马云说："男人能把公司做大，女人能把公司做好。把公司做好，比把公司做大重要得多。"或许，正是因为有了陈丽娟这样的女性产品经理，阿里巴巴才会做得越来越好。

第三章

守好本位：尽职尽责的人不会被辜负

　　彭蕾曾说："无论是阿里的女性高管，还是女性合伙人，我们真的就只是在认认真真、踏踏实实地做自己，没有像他（马云）称赞的那么好，也没有像外面觉得阿里巴巴的女高管如何如何⋯⋯"其实，尽职尽责地做好自己的本职工作，用持久的热情来燃烧自己，已是不易。而阿里女将们的故事，更告诉我们：女人一旦认真起来，柔弱身体里所爆发出的韧性之力会让人望而生畏！

第一节 在打杂中打磨自己

阿里巴巴是一个创造奇迹的地方。2014 年 9 月 19 日，阿里巴巴在美国纽约证券交易所成功上市，第一天就大涨 38.07%，总市值高达 2314 亿美元，一举成为中国最大的互联网上市公司，并且超越 Facebook、IBM、亚马逊等公司，成为世界第四大高科技公司和全球第二大互联网公司。与这些骄人的成绩相比，更引人关注的是其造富效应——因为阿里巴巴的上市，一夜之间，中国诞生了一万多名千万富翁，造富速度堪称世界之最。

世人总是会对财富故事投以炽热的目光，这些因为对阿里巴巴不离不弃而一夜暴富的千万富翁们的人生经历，很快就被各路媒体挖掘，见诸报端，在坊间流传。其中最令人惊叹的，莫过于一个女人从普普通通的小前台逆袭为亿万富豪的励志故事。

这个女人就是童文红。

童文红在阿里巴巴算得上最具传奇色彩的励志人物，她的起点很低——进入公司时，只是一个小前台，干的都是打杂的活儿，但是她却默默陪伴了阿里巴巴二十年，从最底层的员工一步一步做到身价几十亿的资深高级副总裁。

很多人说童文红的成功是因为运气爆棚，其实，如果了解了她的故事，你会发现，她能取得今天的成就绝非偶然。

在进入阿里巴巴之前，童文红做过七年的物资贸易，这一行工作忙、压力大，顾不了家，所以，生完孩子后，童文红就辞掉工作，当起了全职妈妈，专心照顾孩子。陪伴孩子成长的时光是美好而幸福的，但时间一长，她的心中不可避免地产生了一种焦虑：自己与社会脱节，追不上时代发展。于是，等到孩子稍大一点儿后，她决心重返职场，重拾自己的事业。

2000 年 4 月，童文红在网上无意中看到了阿里巴巴的招聘信息。她觉得自己的条件比较相符，便兴冲冲地骑着自行车来到了阿里巴巴面试。当时的阿里巴巴成立不到一年，刚从湖畔花园搬到杭州华星创业大厦，连装修都没来得及搞。在当时的童文红看来，这不过是一家简陋甚至有些寒碜的小公司，看不出一丝日后将成为商业帝国的迹象。

童文红应聘的是行政助理的职位，她原以为，以自己的资历，得到这份工作一定是手到擒来。谁知，这家毫不起眼的小公司竟然将她拒之门外，因为她没有相关工作经验。

这让童文红非常沮丧。但不认输的人，总能把挫折变成机遇。时隔不久，阿里巴巴再次发布招聘信息，童文红再接再厉，精心准备了一番后，"前度刘郎今又来"。这一次，她终于被录用了，不过因为不懂专业、没有经验，她被安排做了前台。童文红是浙江大学毕业的高材生，去做前台，人人都感慨她被埋没了，但她自己却不这么认为，而是坚持"既来之，则安之"。

等到她正式入职后，才发现阿里巴巴的前台一点儿也不好做：电话多、访客频、节奏快。每天需要接待的客户络绎不绝，需要接听的电话更是多如牛毛。新手上路不容易，面对高负荷的工作节奏，童文红难免手忙脚乱，每天下班时都感觉晕头转向、体力透支。

更严重的是，因为业务不熟，她和客户发生了摩擦。有一天，一位客户来到阿里巴巴，指名要找马云谈合作。按照流程，童文红请这位客户登记信息，没想到，客户勃然大怒，指责童文红不尊重自己，当场就训斥了她一顿。莫名其妙地被骂，童文红感觉非常委屈，泪水一直在眼眶里打转。这时，马云听到声音后赶了过来，看到这种情形后，他操着一口杭州普通话把童文红批评了一通。

童文红觉得自己是按照制度办事，何错之有？一气之下，她提出辞职。当时负责管理人事部的彭蕾对童文红说："你是到目前为止第一个主动要求离开阿里巴巴的人。扪心自问，是不是遇到困难退缩了？可不可以坚持下来试试？"

经过彭蕾的一番劝导，童文红打消了辞职的念头，决定留下来，并且暗暗下定决心：一定要把工作做好，再也不给别人指责自己的机会！

从那之后，在前台这个微不足道的岗位上，童文红展现出了惊人的能力。虽然工作琐碎，但她总是以极其认真、细致的态度去完成分内甚至分外的事。比如，有同事要到上海出差，她会把沪杭之间的铁路车次时间表提前发给他们，帮助他们制订更合理的行程；夏天到了，她会及时安排咖啡吧进一些冷饮，让同事们在紧张的工作之余能消暑解渴；客户经常打电话到前台找客服，于是她就自学了公司业务，并帮客户耐心地解答很多问题……

在打杂的过程中，童文红不断地打磨自己，把工作搞得有声有色。她做了很多看起来与前台职责范围并不相关的工作，但这些细枝末节却都与公司有关。她真正把自己当成公司的一员，因此事无巨细，考虑周全，而在无形之中，她也以高度负责的态度、强大的执行力、肯钻研的精神树立起了自己靠谱、务实的职业形象。

这是童文红带给我们的启示：凡事没有完美，只有更高的标准。每件事都做到极致、都交付出自己最好的结果，才是工作中真正的成长。优秀是一种习惯，是通过每个细节的高标准养成的习惯。

童文红的尽职尽责和认真努力，马云和彭蕾都看在眼里。

一年之后，行政部主管的职位出现了空缺，彭蕾的脑海中浮现出的第一个人就是童文红。

惊喜之余，童文红对公司的提拔又有些忐忑不安：过去自己只是一名前台，现在突然要让自己去领导团队，这种挑战前所未有。童文红说："过去和他们是同事，而且自己是前台，职务比他们低；现在要带这个团队，是非常大的挑战。我觉得我做不了管理的工作，就请他们另外选人。"

但彭蕾的一番话让她醍醐灌顶：

> 女人事业的黄金年龄是 30 岁到 40 岁，如果没能突破，今后就很难了。

最后，童文红认真考虑了自己的职业生涯，决定接受这个挑战。后来，她回忆道："一是要为职业生涯负责，二是阿里巴巴的管理层工作之外和员工是朋友。面对以前的同事、现在的下属没有架子。"

马云在公司内部分配股权的时候，也没有忘记她。虽然她当时只是一个小前台，却得到了 0.2% 的股权。当时马云对她说的一番话，至今童文红还言犹在耳："将来阿里巴巴上市了，市值会达到 1000 亿，你就在阿里干，不用到其他公司干了，等公司上市了你就有一个亿了。"马云没有食言。这 0.2% 的股权岂止值一个亿？ 2019 年 10 月，童文红以 41 亿元的身价居 2019 年胡润百富榜 1008 位。

很多人一提到"打杂"，就会非常不屑，甚至谈之色变。有些人认为打杂做的都是些鸡毛蒜皮的琐事，就是白费工夫，没有任何价值。抱着这样的心态去做事，往往能拖就拖，能不干就不干，甚至"当一天和尚撞一天钟"。其实，打杂虽然看起来不入流，却是熟悉工作、积攒经验、夯实本领的必经之路。成功从来就不会一蹴而就，就像山中竹子一样，只有花大量时间向土里生长，才能为厚积薄发做好充分准备。

在阿里巴巴，像童文红这样从打杂开始做起，一路做到高管的人数不胜数，蒋芳也是如此。从北京回到杭州大本营后，蒋芳一直帮着马云进行阿里巴巴的筹备工作。那时，她干的全都是没有任何技术含量的杂活儿、累活儿。没有办公设备，她就跟张瑛一起去跳蚤市场买电脑桌，买完后，送货三轮嫌地方远，要收 6 块钱送货费，为了省钱，蒋芳一口拒绝了。她后来回忆说："我们苦口婆心地扯了半小时，最后免费给我们送，可高兴了。"就连屋子里的扫把、窗帘、最便宜的地毯也是她购置的，忙的时候，整天都在小跑。"打杂"又苦又累，她却一直无怨无悔，因为她知道，自己不是在打杂，而是在打基础。

俗话说，"刀在石上磨，人在事上磨"。专业知识和专业技能只有随着时间沉淀和实践积累才能运用自如。沉下心来、不断积淀，像童文红和蒋芳那样，做一个有心人，在打杂的时候愿卖力气、肯花心思、潜沉打磨，或许，人生的大逆转也属于你。

第二节 平凡的人，不平凡的责任心

在阿里巴巴的一次员工培训中，童文红曾经分享过自己的职场经验：

> 很多时候，如果你想得到老板的赏识，想成为合伙人，最好能以老板的思维打工。你把自己放在了什么位置，你就会思考什么事情，就能获得什么样的成长。你以"老板心态"去做事，你就能获得老板级别的成长；你用"打工心态"去做事，那你永远都只能做一个打工仔，等待别人来指点你做事。

以老板的心态打工，正是童文红二十年阿里生涯的真实写照。

与阿里巴巴的其他女将们一样，童文红的身上有一种非常强烈的责任感。只要是她的职责所在，她就会全力以赴，尽善尽美地完成每一项任务。

一手挖掘出童文红的彭蕾曾说过这样一句话："无论马云的决定是什么，我的任务都只有一个——帮助这个决定成为最正确的决定。"作为彭蕾的下属，童文红也学习到了这种精神，无论马云对她的要求是什么，她就只有一句话："让我做什么，我就做什么。"

众所周知，马云的心中一直有浓浓的武侠情结，他的这种情结不只是体现于阿里巴巴公司内部的武侠花名制度，还体现在曾经盛极一时的"西湖论剑"大会上。2000 年的一天，马云在龙井山上喝茶时突发奇想：《射雕英雄传》中有"五绝"的"华山论剑"，现实中激荡向前的中国互联网，是不是也可以仿效"华山论剑"，来一场论坛，煮酒论英雄，顺便扩大一下自己的影响？

说干就干。当即，他便广发"英雄帖"，邀请当时在互联网领域叱咤风云的各路英雄——搜狐的张朝阳、新浪的王志东、网易的丁磊以及中国电子商务行业的"老大哥"、8848 的创始人王峻涛到西湖边上，与他们一起聊武侠、谈江湖，再说说互联网，共话大业。而且，他还别出心裁地请来了武侠作家金庸来主持这场论坛。这就是让马云的武侠梦照进互联网现实的第一届"西湖论剑"。

作为这场互联网盛事的发起者，马云可谓雄心万丈。

然而，承办活动的重担却压到了童文红的肩膀上。

童文红是第一次举办这种类型的活动，只能"摸着石头过河"，边学习边筹备。当时的她可谓内外交困：那段时间，老公正好调到北京工作，家里孩子还小，母亲又生了一场病，她既为工作焦头烂额，又要投入大量时间和精力照顾家里，每天背负着巨大的压力，忙得像陀螺一样。那时，她常常在晚上崩溃得大哭，但第二天早上，她仍会拖着疲倦的身体爬起来，告诉自己一定要咬牙撑下去。

责任心是承载优秀工作结果的基石。有了高度的责任心，才能以从容的心态克服眼前的障碍和困难，才能让自己心无旁骛地做好该做的每件事，才能有自信心和长远心对自己负责、对他人负责。

也正是在这种高度责任心的驱使之下，童文红在经过一段时间的摸索后，终于找到了筹备活动的秘诀：就像操办一场婚礼一样，虽然变化多，压力大，但只要把流程梳理清楚、人员安排到位，一切就迎刃而解了。渐渐地，她感觉自己越来越得心应手。

后来，在同为阿里巴巴创业元老的金建杭的帮助下，童文红不仅顺利完成了第一届"西湖论剑"活动的筹备工作，还把这场论坛办得非常出色，现代与古典结合得堪称完美，即使放到现在也依然出众。更令她惊喜的是，借助这场圆满的"西湖论剑"大会，阿里巴巴的品牌效应得到了进一步扩大，马云在中国互联网的影响力也日益凸显。经常有人称赞童文红能力强、做事有水平，但在她看来，自己不过是一直在践行阿里巴巴企业文化中的一句话——"平凡人，平凡心，做非凡事"。在困难面前，她从不退缩，总是无条件地执行上级的指令，并且努力把自己的每一份工作做好，从来不把自己当成一个"拿多少钱干多少事"的普通员工。阿里巴巴"最励志合伙人"的背后，更多的是坚持不懈的努力、追求卓越的心和永不放弃的精神。正如她曾经在采访中说的那样：

　　　　我们这么形容阿里巴巴人，叫作"又傻又天真，又猛又持久"。我就是这样的一个人，马云也是。

　　其实，在阿里巴巴，童文红接到的苦差事远不止于此。创业之初，马云历尽千辛万苦终于从孙正义那里拉来了2000万美元的融资。看到粮草空前充足，他决定重新装修创业大厦，这个任务交给了童文红。

　　这可难坏了童文红，她对装修一窍不通。用她自己的话来说："连自己家的装修都没怎么管。"尽管如此，她却要从一无所知的空白领域做起，去承担事关阿里巴巴"门面"的大工程。

　　童文红知道，这是一个巨大的挑战，但她更知道：你逃避不了的事情，不如迎难而上。

　　于是，在创业大厦施工的过程中，童文红边干边学，甚至通宵达旦，恶补了很多相关的专业知识，亲自把关，逐渐学会了控制项目的进度和严查质量。

　　"当时整个团队也没有人懂，光是一封买电梯的邮件就转来转去，商量很久。"童文红回忆。后来，她甚至还找到时任首席人力资源官的彭蕾："这个项目做完后，希望能回到总部做业务，或者就退休了。"

　　装修中有很多环节都属于灰色地带，为了能缩减成本，不断有施工方找到童文红，贿赂她，让她"高抬贵手"。面对不断送上门的"油水"，童文红没有被贪婪的欲念俘虏，而是坚决地拒绝了所有见不得光的"魔鬼交易"。不仅如此，她还以自己的专业知识和"火眼金睛"，将很多以次充好、敷衍塞责的细节一一揪了出来。当时工程队的人私底下都直呼："这个女人太可怕了！"

女人一旦认真起来，柔弱身体里所爆发出的韧性之力会让人望而生畏！

继行政工作后，童文红又先后担任了集团客服、人力资源等部门的管理工作，每一个岗位上，她都倾力以赴，业绩突出，最后一路升至阿里集团资深副总裁。每次职务提升，童文红都是又开心又紧张：

> 公司给这个担子，我得挑起来，对得起公司。每次上升，感到肩上的担子更重、责任更大了。

每个人对成功的定义都有所差别，对成功路径的设计也大不相同，但总有一些东西是必须要有的，比如责任心和使命感。愿意为自己生命中应负的责任负责，把自己应该做好的事情做好，是一个人迈向成熟的标志。

彭蕾有一次面对采访时说道：

> 无论是阿里的女性高管，还是女性合伙人，我们真的就只是在认认真真、踏踏实实地做自己，没有像他（马云）说的称赞的那么好，也没有像外面觉得阿里巴巴的女高管如何如何……

这一定也是童文红的心声。

第三节　甘做阿里事业的一块砖

2018 年 8 月 4 日，有媒体报道了一个令人惊讶的消息：阿里巴巴集团的法人代表已不再由时任 CEO 张勇担任，转而由阿里巴巴创始人之一的戴珊出任。这是 2014 年 4 月马云从阿里巴巴法人位置卸任后，第三次更换法人代表。

一时间，很多人的脑海里都出现了一个问号：戴珊是谁？为什么能受到马云的如此信赖？

在阿里巴巴内部，戴珊的花名叫"苏荃"，读过金庸武侠小说《鹿鼎记》的人都知道，苏荃是被神龙教洪教主抢上神龙岛的"压岛夫人"，后来跟了韦小宝，才改变了自己的悲情人生。而戴珊则是因为跟着马云创业，才活出了精彩的人生。

戴珊是马云的学生，还是马云教的最后一届的学生。跟着马云老师创业的学生有很多，比如蒋芳、金媛影、韩敏，在所有人中，戴珊可能不是最出色的一位，却一定是最听话的一位，在她人生的若干个十字路口，她都毫不犹豫地选择了马老师帮她指的路。

在湖畔花园的艰苦岁月里，戴珊的岗位是客服。"1999 年，阿里刚刚成立，我们每一个人都是客服。"戴珊后来曾回忆，"现在担任蚂蚁金服 CEO 的彭蕾，在当时是我们的客服骨干力量。"张瑛也经常亲手教戴珊写英文邮件。

那时因为人手有限，戴珊经常需要工作 10 多个小时。她做客服做得非常投入，无论多晚都会在第一时间回复客户，响应速度堪比现在的客服机器人。因为邮件回复得非常快，以至于客户怀疑客服的真实存在，以为是系统的自动回复。

后来，阿里巴巴发展得如火如荼，但这些个子小小、性情温和的女子，仍然如同当初一样，踏实做事，心甘情愿地听从马云的安排。戴珊曾说：

> 公司让我做销售我就做销售，让我做客服我就做客服，我不会想太多，就愿意乐呵呵地做。

虽然个子小，但是戴珊身体里蕴含的能量却是巨大的。

2002 年，戴珊被任命为阿里巴巴诚信通高级销售总监。只用了短短一年的时间，戴珊就完成了任务，使诚信通企业用户数量呈现爆发式的增长，为 2003 年阿里巴巴实现盈利立下了汗马功劳。戴珊当时建立起的电话销售小组至今还在，已经发展为成百上千人的庞大团队。

2005 年，阿里巴巴在广东的分公司进入了发展停滞阶段，业务拓展迟迟不见起色。为了扭转困局，马云将戴珊调到广东担任总经理。在她的努力下，广东市场起死回生，重新恢复了勃勃生机。

2008 年，淘宝事业部的人力资源总监辞职，戴珊临危受命。虽然这之前从没做过人力资源管理，但她不断学习，将当时人情淡漠的淘宝打造成了一个有温度的团队，她的温和，让她在阿里巴巴多了一个雅称——"MM"。因为工作出色，2013 年，她还接替彭蕾成为新一任阿里巴巴首席人才官，主管整个集团的人力资源。

2017 年 1 月，戴珊又出任 B2B 事业群总裁，分管集团旗下的国际国内批发交易平台阿里巴巴和 1688 以及国际零售交易平台全球速卖通业务。这是阿里巴巴最大的上游端产业链基础业务部门，足见马云对戴珊的重视。

不过，对马云的安排，戴珊偶尔也会有一丝抵触。2014 年 5 月，阿里巴巴集团成立阿里集团客户服务部，马云决定让戴珊接手，任命她为首席客户服务官。听到这个消息，戴珊心里很不情愿，她还跑去找马云，向他抱怨："我是万般不喜欢做服务，服务不就是做后台，接接电话吗？"[1]

但是，这样的抱怨却被马云以"目光短浅"驳回，在马云看来，客户服务部对于阿里巴巴是至关重要的，阿里巴巴这么多年来面对的每一次危机都是因为用户的信任而得以扭转。凭借着对老师的信任，戴珊还是决定接受任命，带领新成立的集团客户服务部开疆辟土。

虽然心中仍有些不情愿，但上任之后，戴珊仍然尽自己最大努力把工作做好。在她的带领下，阿里巴巴陆续推出了"极速退款""极速维权"等多项极致服务体验，逐渐形成了"无形胜有形"的服务体系。后来，戴珊在这个岗位上越来越游刃有余，她的眼里只有客户。她曾说：

> 只有客户的声音会让我焦虑并前进，只有客户的声音才会影响我。

戴珊常戏称自己是阿里事业的一块砖，哪里需要哪里搬。而每一次，她都不负重托，在不同的岗位上，她都能快速适应，干出不凡的成绩。

这个总是能完美跟上马老师节奏的听话学生，二十多年来，一直相信老师的梦想，也感恩老师的帮助。2018 年 9 月 10 日教师节这一天，她特意发文感谢恩师：

> 25 年前，我是他教师生涯的最后一届学生；25 年后同学会，使劲回想也记不起他教了我们哪些语法，只记得最初班上英语水平全年级最差，毕业时六级通过率全校最高。

---

[1] 引自 2016 年 9 月新浪科技的报道《戴珊：客服不只是接接电话》。

一直记得他的话，英语是连接世界的工具。

25 年前，他对同学们说，人要有梦想；25 年后，他把我叫到身边说，阿里巴巴的全球化梦想，是帮助全世界的中小企业。

25 年里，他常说自己的梦想还是做回老师；25 年中，我也曾梦见时光倒流，我们重新回到那个飘着笑声的课堂。

他不断让我变成更好的自己，更真实、纯粹。

有幸受教 25 年！

老师，生日快乐，我不是您最出色的学生，您却是我最尊敬的老师。

老师，教师节快乐，果真梦想还是要有的，因为就要实现了。

第四节 用持续的激情把自己烧透

马云曾经说过一句话："短暂的激情不值钱，持续的激情才值钱。"这句话在"封神"的身上体现得淋漓尽致。

在阿里巴巴，无人不知"封神"。"封神"的名字叫封晓红，就职于阿里巴巴中国供应商团队，是这个阿里巴巴最牛销售团队的一员。

2006年，封晓红加入了阿里巴巴，那时的她还只是一个缺乏自信、害羞胆怯的小销售。接第一单的时候，即使对方是同学转介绍并且已经表达了签约意向的客户，她仍然腼腆得说不出话来，最后，在陪着她一起去的主管的帮助下，她才签下了她在阿里巴巴销售生涯的第一单。

回来之后，她默默地反思自己，暗暗下定决心：一定要快速成长和改变！

封晓红骨子里有一股不服输的精神，她曾说：

> 无论什么工作，一旦定下目标，就要全力以赴。

这一部分源于天性，另一部分或许来自军人父亲的言传身教。在封晓红的记忆里，从事司法工作的父亲做事从来一丝不苟。至今，封晓红还对童年时的一件事记忆犹新：在炎热的夏天，屋内没有冷气机和风扇，身上挥汗如雨，父亲却夹起一张纸将汗流在草稿纸上，继续写文案。

父亲的示范让她懂得，做事，要做就要努力做到最好。

从那之后，封晓红展现出了惊人的自律与勤奋。

每天深夜，正是万籁俱寂之时，但封晓红却依然在忙碌：计划第二天的工作，总结当天所见客户需要提升的维度，为见客户做好资料准备。千头万绪的工作琐碎而耗时，但封晓红却从不抱怨。

为迅速了解公司产品的专业知识及互联网的最新趋势，每周五晚上，封晓红都会在阿里巴巴的内网学习专业知识，直到晨光初现。

通常来说，销售员一天拜访几个客户就已经感觉"耗尽了洪荒之力"，而封晓红却创造了一天拜访一百多家客户的记录。不是所有的客户都会对她笑脸相迎，她遭受得更多的是冷遇甚至是闭门羹，即便如此，封晓红也毫不在意，更不会放弃，就这样，她用最短的时间学会了如何判断客户。

凭着这样一股"拙"劲，到了第四个月，封晓红已经从一个销售菜鸟一跃成为区域销售冠军。

也是从那个时候开始，一个梦想的种子在她的内心深处渐渐发芽。有一天清晨，这个种子终于破土而出——从睡梦中惊醒的封晓红一跃而起，握着拳头给自己定了一个目标：成为全国 Top Sales。

对于刚踏足销售领域的她来说，这与其说是个梦想，倒不如说是幻想。不过，种子一旦萌芽，就没有任何力量能阻止它长成参天大树。

后来，因为业绩突出，封晓红得到了一次宝贵的机会——与马云共进晚餐，那次见面更加坚定了她成为 Top Sales 的信念。而马云的那句"梦有多大，舞台就有多大"也一直都是她信奉的座右铭。

2008 年，封晓红怀孕了。对怀孕的女员工，阿里巴巴非常照顾，很多女员工怀孕后就会请假休息。但封晓红却拒绝了所有"特殊待遇"，仍然挺着大肚子拜访客户，直到生产前一天，她还在拜访客户。

坐月子期间，她也没落下工作。当听说一个老客户除了她谁也不见，她还不顾家人的反对去见了客户。刚出生的女儿需要哺乳，她每次都是电话约好客户后马上上门，见面就直奔主题讲解阿里产品知识，结束后立刻回家喂奶，然后再见下一个客户。每次她刚到家门口，就听到家中女儿因为饥饿而发出的撕心裂肺的哭喊声，这让她一直倍感愧疚。

经过不懈的努力，封晓红终于实现了当初那个天方夜谭一般的梦想：以破纪录的百单新签客户数成功斩获全国第一，成为全国 Top Sales。这是她加入阿里巴巴的第五年。

那之后，更多的纪录被她打破：

2012 年，封晓红的销售业绩突破 2.5 倍增涨，达到近千万，蝉联全国第一。

2013 年，封晓红的销售业绩刷新整个 B2B 事业部有史以来的年度纪录，再度问鼎全国第一。

2015 年，封晓红启动个人生态圈，通过项目落地，运营"互联网＋"的思维制推动客户的快速成长，培养 20 家以上明星客户和不同类型的优秀讲师。全年分享超过 30 场次，受益人数超过 2000 人，业绩继续蝉联全国第一。

2016 年，新外贸生态体系的日趋成熟、生态铁军链接和生态圈的持续繁荣，让封晓红的客户和拍档紧密联合在一起。财年业绩再破中供新高，并登上阿里巴巴"牛尼斯"荣誉殿堂，封晓红成为 B2B 部门"牛尼斯"纪录的创造者。

如今的封晓红已经成为"封神"，一个"神"字，代表的是她的非凡业绩，更说明了她的那份常人所不能及的努力与勤勉。

早已实现财务自由的封晓红，现在仍然像一个陀螺般高速旋转，丝毫没有停下脚步。这份激情源于她对工作的热爱，更源于她从帮助他人中所获得的成就感。看到一个个不懂管理、不懂英文和外贸的客户在她的帮助下逐渐地成长、扩大了规模、迈上新的台阶，是封晓红最欣慰的时刻。在阿里巴巴，无数人被封晓红的"神话"所打动。神话的价值，不只是对个人辉煌的记录，更在于它能点燃他人的梦想。

罗希就是被封晓红的故事点燃梦想的人。罗希，江湖人称"早安姐"，这是因为，从进入阿里巴巴的第一天开始，她就坚持每天早上给大家发一个早安问候，坚持多年都没有中断。

不过，没过多久，"早安姐"的称呼就被另一个外号所取代。罗希以108万元的业绩成为北方大区当月销售冠军，于是，同事们开始叫她"百万姐"。

罗希说起偶像封晓红时的神情，一如武侠世界里刚刚出道的无名小辈，远望她将来注定要去挑战的名动天下的"第一大侠"。

无论是封晓红还是罗希，她们都没有超能力，她们之所以能创造这样的辉煌，原因无他，只是因为她们用持续的激情"让自己烧透"。

我们在最初决定做一件事情的时候，需要的是决心与激情；而想要完成一件事情，需要的则是恒心与毅力。缺少激情，事情无法启动；但只有热情而无恒心与毅力，也很难将一件事情做得完整、到位。短暂的激情，给不了我们想要的结果。只有保持持续的激情，才能真正把事情做好。

想要成就多大的事业，就要点燃多大的热情。有持续燃烧的热情，才会全力以赴，付出自己最大的努力，正如阿里巴巴的一句土话："极度渴望成功，愿付非凡代价。"

倾注热爱、全力以赴，阿里女将们依然坚定地走在追求梦想的道路上，她们的梦想也因为那份坚持与执着而更加光芒耀眼。

第五节 后退是为了更好地前进

2019 年 10 月，在 2019 福布斯全球 CEO 大会上，马云对女性的忠诚赞不绝口：

> 想要说服女人相信一个目标是非常困难的，但当你成功说服了一个女人，她就会坚守这个目标，非常忠诚。

这一定是马云创业多年的切身体会。在阿里巴巴，无论遇到什么样的难关，只要马云一声令下，阿里女将们都能及时顶上，勇挑重担。更值得一提的是，她们不但"能上"，关键时刻也"能下"。

从 2010 年起，彭蕾一直执掌蚂蚁金服。八年来，蚂蚁金服就像是彭蕾的孩子一样，在她的呵护下茁壮成长。正如马云所说："彭蕾为蚂蚁奋斗八年。八年前，蚂蚁还叫支付宝；八年后的今天，蚂蚁带着已经成为中国新四大发明之一的支付宝，以及其他各种深入人心的服务，承载着全球消费者的期盼。"

蚂蚁金服有今时今日的成就，彭蕾功不可没。她带领着蚂蚁金服将旗下金融业务从支付和理财，延伸至互联网借贷、互联网银行、互联网保险、征信、蚂蚁森林等众多金融产品。几乎所有创新金融能涉及的领域，蚂蚁金服都已经囊括其中，并在很多领域无人匹敌。蚂蚁金服历史上的无数个"高光时刻"，都是由彭蕾创造的，是她将一个只有短暂历史的蚂蚁金服打造成了全球估值最高的非上市公司。

尽管如此，到了该谢幕的时候，彭蕾也愿意谦卑地后退一步，把舞台让给比自己更适合的人。

2018 年 4 月 9 日，彭蕾正式卸任蚂蚁金服董事长，蚂蚁金服 CEO 井贤栋兼任董事长一职。这个陪伴着蚂蚁金服不断成长的女人，以优雅的姿态离开了这个她曾倾注了无尽心血的地方。

这一交接，是马云通过内部公开信的方式宣布的。在阿里巴巴的历史上，这样的内部公开信并不多。在这之前，马云分别于五个重要时刻向员工发布过内部公开信：2009 年阿里巴巴宣布实行合伙人制度、2013 年马云自己卸任公司 CEO、2013 年任命陆兆禧接任阿里巴巴 CEO、2015 年任命张勇担任公司 CEO 以及 2016 年宣布井贤栋接替彭蕾出任蚂蚁金服 CEO。这一次，是第六封。其中，有两封内部公开信都与彭蕾有关，马云对这员女将的重视可见一斑。

在这封内部公开信里，马云对彭蕾进行了高度评价：

> 她带领蚂蚁走过的这八年，用她坚定的内心和杰出的领导力，用女性独有的温暖和洞察，让一个支付工具充满爱、信任和责任感……彭蕾不仅为蚂蚁的过去负责，也一直在为蚂蚁的未来担当。在兼任 Lazada 董事长之后，彭蕾告诉我，井贤栋已经堪当大任，她觉得是时候卸下担子，让蚂蚁的新领导团队更快成长了。这是蚂蚁历史上最重要的领导团队更替，不仅仅是为了传承，更重要的是蜕变。长江后浪推前浪，前浪方可闲庭信步，这是人才队伍上最大的成功。[1]

蚂蚁金服换帅的消息一出，外界议论纷纷。有人说马云之所以做

---

[1] 引自 2018 年 4 月 9 日马云的内部公开信。

出这样的人事调整，可能与蚂蚁金服上市有关，有二十余年财务和运营管理工作经验的井贤栋比彭蕾更符合职业经理人定位；有人说这是一次常规的调整，属于"正常人士代谢"，"并且井贤栋也在过去两年里证明了自己堪当大任"；有人说彭蕾带领蚂蚁金服"手段太强"，触及到了某些人利益，马云让其卸任，是为了保护她；还有人说是彭蕾能力很强，所以马云派她出去继续开疆拓土。

或许只有当事人才能了解事实的真相，无论如何，完成历史使命的彭蕾算得上是"功成身退"。

其实，早在两年前，彭蕾就已经有意让贤。2016 年 10 月 8 日，彭蕾宣布不再担任蚂蚁金服 CEO，以蚂蚁金服集团董事长身份，专注公司长期发展、全球化战略、人才培养和文化建设传承。井贤栋接任蚂蚁金服 CEO，全面带领团队负责公司业务、战略推进和落实。

当时，彭蕾深情回应：

> 从最初的支付宝，到现在的蚂蚁大家庭，感恩过去六年九个月与大家同行，没有什么比团队的信任与友谊更弥足珍贵。与有情有义的你们一起做一件有价值有意义的事，是我一生最幸运的事情。感谢所有蚂蚁人的努力，你们身上的创意、激情和担当，令人赞叹。与马老师一样，我第一份工作也是老师。对老师而言，最大的快乐莫过于看到青出于蓝而胜于蓝。……在前进的道路上，我会继续陪伴大家。我自己会更专注在蚂蚁的长期发展和全球化战略，还有人才培养和文化传承上。同时我仍将全力支持 Eric（井栋贤）带领新团队为用户创造更大价值，并期待更多惊喜和美好发生。[1]

---

[1] 引自 2016 年 10 月 8 日彭蕾对"卸任蚂蚁金服 CEO"一事发布的公开信。

对自己的继任者井贤栋，彭蕾也寄予了厚望：

> Eric（井贤栋）的热忱、担当和乐观一直感动并激励我。他是我的最佳拍档，给予了我无与伦比的帮助。在过去这几年中，Eric 展现出了杰出而严谨的专业精神，品格公正无私，一直以高度的激情和乐观感染并鼓舞大家。他担当蚂蚁 CEO 实至名归，我们有理由期待 Eric 带领全新一代蚂蚁人更精彩的表现！

井贤栋没有辜负彭蕾的重托，在他担任蚂蚁金服 CEO 的三年时间里，蚂蚁金服确立了科技、责任、全球化三大战略，完成了 45 亿美元的 B 轮融资，对前沿技术的布局和储备进行了前所未有的投入，使蚂蚁金服以稳健的步伐继续前进。

因此，将自己一手打造的蚂蚁金服交给井贤栋，彭蕾足可以放心。她也期待着，蚂蚁金服能完成蜕变，攀登新的高度，创造更辉煌的成就。

老人让贤、新人上位，这种"扶上马送一程"模式，在阿里巴巴并不鲜见。2009 年，"十八罗汉"集体辞去创始人职位，阿里巴巴进入"合伙人"时代。2015 年，60 后高管们集体隐退，一线业务总裁全部由 70 后组成，而近两年，核心管理人员中，80 后占比已超过 14%……

如此，良将拔于士卒，良相起于郡县，薪火相传，继往开来。一切有制度的道、让贤的法，道法自然，继承者无虞，阿里巴巴就能无忧。

就连马云也是这样做的。2018 年 9 月 10 日教师节当天，马云为自己准备了一份生日礼物——公布公司传承计划，他声明将在一年后的 9 月 10 日卸任阿里巴巴集团董事局主席，届时，现任集团 CEO 张勇将接任其位置。他会在这一年里配合张勇，为组织过渡做准备。在这一年的时间里，在马云的引领和辅助下，张勇对阿里巴巴的管理日益得心应手。到 2019 年 9 月 10 日，马云终于可以放心地卸下重任，如愿过起了随心随性的退休生活。

与此形成鲜明对比的是，京东没有刘强东，连董事会都开不了；

百度李彦宏、马东敏夫妻两人的投票权就超过 60%；而腾讯只有业务线"师徒"的"帮传带"，缺乏管理层的吐故纳新……

布袋和尚有一首禅诗极妙："手把青秧插满田，低头便见水中天。心地清净方为道，退步原来是向前。"寥寥数语，大有深意。

很多人只知道不断地进步才能取得胜利，却忘记了休息，忘记了欣赏路边的风景，更忘记了适当地后退。其实，退，是进的另一种姿态，是从容豁达的处世智慧。

"长江后浪推前浪，世上新人赶旧人。"人类社会这奔流不息的大河，要持续向前发展，前面的人就要为后面的人让出空间。在该退的时候无怨无悔地退下来，既是形势的需要，也应成为我们的自觉。善退者，才能海阔天空，活出人生的大境界。

前进一步需要智慧，后退一步需要勇气，进与退的选择，有时只在一念之间。在如今的世界，我们必须像彭蕾一样，好好思考进与退的真正意义，后退是为了更好地前进，而放弃也是为了获得，在适当的时候蛰伏起来积攒更多的能量，方能创造更美好的未来。

而无论是进是退，彭蕾的心中，仍然充满少年人的昂扬斗志，仍然燃烧着火一样的热情。正如阿里巴巴成立 18 周年时，彭蕾在内部论坛上写的那封《向永远的 18 岁致敬》的信中所说：

> 生命里总得要有什么值得你为他燃烧一回。无论多久多远，你心底那个天真倔强的小孩没有迷路，不放弃热血热泪一起奔淌的自由，这是多么值得骄傲的一件事。

第四章

能打硬仗：关键时刻有关键之为

很多人说，阿里巴巴是一家非常伟大的企业，因为它敢做别人不敢做、做不了的事情。而成就这份"伟大"的，是阿里人逢山开路、遇水搭桥的拓荒牛精神，敢为人先、永不退缩的坚毅执着，以及敢啃硬骨头、敢于涉险滩的勇敢与无畏。阿里女将们更是巾帼不让须眉，在阿里巴巴的无数个关键时刻，她们打了一场又一场硬仗，为阿里巴巴打出了光明的未来。

第一节 愿做拓荒牛，开辟行业疆土

阿里巴巴有种独有的文化："一年香，三年醇，五年陈。""年陈"原本是用来形容酒的年份的词汇，在阿里巴巴，却被演化成对员工入职年限的一种纪念。2005年，童文红终于得到了梦寐以求的"五年陈"戒指。授戒仪式上，当马云为她戴上这枚珍贵的戒指之后，童文红感慨万千：

> 在以前的公司工作了7年，印象不深。在阿里巴巴的5年让我学到了很多东西：如何面对变化，什么叫敬业——在其他公司说不定到退休也比不上阿里巴巴的5年，心理的成熟，让我终身受益……[1]

此时，台下的马云连连点头，他确信自己没有看错人——童文红是一个可堪大任的人。

或许正因为如此，2013年，阿里巴巴联合银泰、顺丰、"三通一达"等成立菜鸟网络需要一个领头人时，马云第一个想到的人选就是童文红。马云相信，童文红有能力操盘菜鸟网络，在新领域拓荒。后来，他说：

---

[1] 引自2015年4月《楚天金报》的报道《童文红：从前台到过亿总裁如何炼成的》。

"菜鸟网络我从来没有考虑过第二个人，这个人只能是童文红。"

但当时的童文红其实对物流并没有太大兴趣，"物流在我的概念里就是一群抽着烟的男人干的。"她直接这样说。

马云并未放弃，多次与她促膝长谈：京东凭借着强大的物流体系已经变得越来越强势，如果阿里巴巴不在物流上压制京东，那整个电商业务都将受到掣肘。

在童文红心中，公司的利益永远是第一位的。几天之后，菜鸟COO（首席运营官）童文红走马上任。

菜鸟网络是阿里巴巴旗下的大数据物流协同平台，成立于2013年5月。菜鸟网络的目标是打造一家数据驱动的社会化物流协同平台公司，像水和空气一样，成为中国商业的基础设施之一。对阿里巴巴来说，这是一个全新的领域。所幸，童文红是一个有七年经验的物流行业老兵，她的经验和专业很快让她在新的岗位上如鱼得水。

当时，马云给菜鸟网络定了两个要求：第一是24小时之内送货可达，"可达"意味着不仅能到，还可以按照用户约定的时间送到；第二是菜鸟的人数不能超过5000人。

这两个要求一提出来，童文红就明白了马云的意思："这两个框牢了，你就知道菜鸟要做什么，它注定菜鸟不能做快递，而是要做平台。"于是，她提出了"菜鸟绝不做快递，菜鸟不会买一辆货车，菜鸟也不会雇佣一个快递员"等颇具创新意味的口号。

明确了定位之后，童文红开始发挥自己整合人脉的能力，从"人"开始，建设菜鸟网络。

童文红知道，只有专业的人才能做专业的事，阿里巴巴的基因偏营销，因此，她没有从淘宝系物色人才，而是去亚马逊、京东、华为的供应链找最了解物流的人来帮她。

很快，亚马逊主管物流的万霖加入了进来。万霖从美国博士毕业之后就加入亚马逊，领导了亚马逊分拨中心、末端优化和全球购等战略和项目，有着丰富的电商、物流从业经验，国际视野开阔，对精细化管理和链式增长更有着深刻的理解。加入菜鸟之前，他对阿里巴巴印象最深刻的就是交易量，"每天交易量几千万单，亚马逊峰值也只有几百万单"。物流是一个讲究规模效应的行业，很多事情只有在有一定单量的基础上才有意义。2014年年初，他与童文红进行了电话沟通，一周之后，他从西雅图飞回国内，两人又聊了两个多小时。再回到中国的时候，万霖带上了妻子和两个孩子。加盟菜鸟网络之后，他负责菜鸟仓配和跨境物流业务。

万霖之后，越来越多的物流专业人士相继加盟菜鸟，童文红开始在一群物流精英的助力下勾勒菜鸟网络的发展路径。

童文红与万霖共同梳理出一张由地网、天网与人网三部分组成的网络——"地网"负责线下仓库、快递、物流、落地配、境外仓库等基础建设；"天网"要用信息化的手段打通菜鸟的各个环节，一份数据走遍天下；"人网"面向用户，提供菜鸟驿站、菜鸟裹裹等服务体系。这样一张网络，可以将社会上闲散的仓库资源、落地配资源整合起来，也解决了商家在库存和运输管理上的问题。

这之后，童文红开始带领自己的团队全力构建天、地、人三网，形成一套大数据物流服务平台。在她的精心布局下，菜鸟网络的变化令人惊讶。通过与合作伙伴的共同努力和大数据运用，在很短的时间里，菜鸟网络就建立起一张广至全球范围、深入国内农村，含干线到末端的大数据物流全网链路。通过接入快递公司、仓配服务商、日日顺、苏宁物流、落地配公司等，全中国大部分快递包裹、数千家国内外物流、仓储公司以及170万物流及配送人员都在菜鸟数据平台上运转。在几年前，没人能想象到，在这个平台上竟然有约18万个物流快递网点，其中半数可实时监控。甚至以往送货难的全国2800个区县，现在也能实现50万个村子送货进村。

对于广大消费者来说，不但希望网购方便，更希望网购后续服务体验良好。在菜鸟大数据产品的推动下，2015年后每年4000万个国内快递平均时效缩短了半个工作日，相当于每天为中国人节省1.6亿小时。

对于快递公司来说，菜鸟网络这个平台的服务作用也逐渐得到了体现。菜鸟网络推出的物流云、四级地址库、电子面单、菜鸟鹰眼等产品，都恰到好处地抓住了快递企业的需求，受到快递公司的普遍欢迎。比如电子面单目前的普及率已经超过六成；菜鸟电子鹰眼的使用，也让快递公司总部获知自己超时异常件的状况，圆通运营了 4 个月之后，超时异常件的比例下降了 30%。

在每一项业务推广的背后，都是童文红与众多快递大佬的不断沟通、协商。

关于菜鸟网络，中国物流学会特约研究员杨达卿有个精妙的形容：菜鸟就像一个庙会，里面请来各路快递大神，吸引大家来烧香，各路大神在这里面也寻求一个利益结合点和平衡点。正因如此，庙会主神的包容性和人格魅力才更为重要，以便利于整合资源，达成生态链一致。

童文红扮演的恰恰是主神的角色。在快递、物流行业清一色的男性老板中，这位女性掌舵人竟然能游刃有余，实在令人惊叹。

其实，童文红与这些人打交道时，秘诀只有一个，那就是"简单"。她曾公开对媒体说：

> 简单并不代表单纯，不代表看不到别人的复杂，看不到背后的利益博弈。

"快递公司很江湖气，会因为争口气做出很冲动的决定。"童文红不想在把酒言欢间解决问题、搞定生意，她认为女性的优势是"专注在问题上，不去争那口气"。

在很多快递人眼中，童文红是个自信满满、气场强大、雷厉风行的霸气女子，沟通方式有时甚至很强势，一开始很多人对这种方式很难接受，毕竟快递行业的老板多是草根出身的男人，行事风格亦霸道得很。但随着时间推移，众人发现童文红其实很简单，目的简洁，说话直接，这种人交往起来反而不累。

因为童文红的简单，如今已经有一大批物流行业的"江湖大佬"汇聚在她身边。申通快递董事长陈德军、圆通速递董事长喻渭蛟、中通速递董事长赖梅松、韵达速递董事长聂腾云、百世快递总经理周建、天天快递常务副总裁陈向阳……都先后成了菜鸟网络的坚实拥趸。

"飞瀑直下，必有深渊。"在童文红的领导下，菜鸟网络成了全世界最大的物流数据平台公司：中国70%以上的快递包裹都在这个平台上运行，这个平台还创造了200多万的就业岗位和数千亿的经济贡献。从2013年到2019年，天猫"双十一"交易额屡创新高，2019年更是达到2684亿元，物流订单量也达到创纪录的12.92亿，却从来没有爆过仓。

阿里巴巴人逢山开路、遇水搭桥的拓荒牛精神，敢为人先、永不退缩的坚毅执着，在童文红身上得到了淋漓尽致的体现。

职场上，最有眼光和胆识的人，正是像童文红这样的人，他们敢做未知领域的拓荒牛，敢吃第一只螃蟹，在行业里率先树起旗帜，敢作敢为，大刀阔斧。他们有接受暴风雨洗礼的勇气，能够克服恐惧心理，敢于迎着风浪扬帆远航。只有这些敢于在浪潮之巅搏击的人，才能享受成功的荣耀。

二十多年前，童文红走进阿里巴巴，只是为稻粱谋。二十多年后的今天，她却以自己的影响力撬动了物流行业的支点，推动了阿里巴巴的飞速发展。

《孙子兵法》中对"将者"的定义是：智、信、仁、勇、严。童文红对"将者"做出了最好的诠释。

第二节 所有的阻碍都是"纸老虎"

2019 年 6 月 6 日,阿里巴巴公布了 2019 财年年报,年报显示,阿里巴巴的合伙人由 2018 年的 36 位增加至 38 位,阿里巴巴副总裁宋洁成了新晋的第 13 位女性合伙人。

宋洁于 2000 年加入阿里巴巴,是阿里巴巴著名的"宋小姐"。她主管集团活动发展部,阿里巴巴集团大大小小的大会、论坛、活动都会有她的身影。

宋洁是一个非常低调的人,很少抛头露面,不过,她做的事却非常高调,阿里巴巴 20 周年庆典、淘宝造物节、全球女性创业者大会等超大型活动,都是她策划与主导的。

不过,诸多活动中,给宋洁留下最深印象的,莫过于云栖大会。也正是在这个项目的策划过程中,她大显身手,令人刮目相看。

2014 年,宋洁刚刚休完产假回到阿里巴巴,"云栖大会"就找上了门。当时,"云栖大会"还被称为"阿里云开发者大会",是一个主要面向站长的社群活动,旨在搭建一个企业领导、业界精英共同探讨与分享中国互联网无线化发展趋势、行业生态等各方面话题以及技术交流的平台,与现在的云栖大会完全不是一个重量级。

对活动策划早已驾轻就熟的宋洁,对这个小项目完全没看在眼里。但她没想到的是,这个阿里云开发大会竟然让她得了这一年的"烂草莓奖"。

当时，为了提高大会的权威性和吸引力，宋洁的团队尝试性地邀请了一些阿里云上的代表性客户。其中，有一家客户公司欣然接受了邀请，并做好了参加大会的准备。但就在大会举办前几天，宋洁却惊讶地发现大会的组织出现了纰漏，无法为对方安排场地，不得已，只能通知对方改变行程。那位客户已是"万事俱备，只欠东风"，突然被放了鸽子，不由得勃然大怒，向阿里巴巴集团投诉了宋洁。

因为客户的这一个投诉，在这一年阿里巴巴的组织大会上，宋洁的团队被颁发了一个特别的奖项——"烂草莓奖"。"烂草莓奖"，顾名思义，就是一个批评的"奖"，颁给那些客户服务不到位、用户体验不好的团队。阿里巴巴之所以设置这样一个奖项，就是为了让所有的团队，从领导者到普通成员，都要有非常强大的动力去为客户考虑。

领回这么一个"奖"，宋洁的心头仿佛压上了一块沉重的大石头。站在台上，她默默下定决心：明年一定要把"烂草莓"摘掉！

传统观念里，女性大部分时候是弱者的代名词。但在职场这个没有硝烟的战场，很多像宋洁这样的"女强人"却用自己的认真、坚持和以柔克刚的战斗力征服了绝大多数人。她们身上有一股不服输的劲儿，这股劲头使她们全身充满力量。她们的工作并非一帆风顺，也会遇到各种各样的困难，但她们始终清楚地知道自己想要的是什么，并愿意为之付出、为之拼搏，耗尽身上所有力气。对她们来说，所有的阻碍都是"纸老虎"，终有一日她们会为自己的人生添上绚烂的一笔。

从那之后，无论组织什么活动，宋洁都会把客户体验摆在第一位。

从哪里跌倒，就从哪里爬起来。2015 年，转塘科技经济园正式更名为"云栖小镇"，阿里云开发者大会就此有了一个新的名字——"云栖大会"。作为这一年云栖大会的主办者，宋洁可谓鞠躬尽瘁。

为了赶上大会固定的时间节点，在宋洁的督促下，云栖小镇只用了 87 天就建起了主场馆，创造了令人惊讶的"云栖速度"。在大会的组织与策划方面，宋洁也进行了创新。云栖大会不再是阿里巴巴程序员与工程师们的分享与狂欢，而是转变成一场面向全中国甚至全球技术人员的高精尖峰会。

改名之后的云栖大会更加强调云计算、大数据生态的定位。量子计算、人工智能、生物识别、深度学习等前沿的科技创新力量第一次在大会亮相，大会吸引了无数技术精英的关注。这一年，云栖大会吸引了全球超过 20 个国家的 21500 名开发者，参展企业达到 219 家，参与企业 3000 多家，现场参观人数超过 42584 人次，全球直播收看人数超过 127 万人。经此一役，云栖大会一举成为全球最大规模的云计算峰会之一。

从 2014 年第一次举办大会，宋洁就与云栖大会紧密地联系在一起。这之后，每一年的云栖大会都能看到她指挥若定的身影。

为了使云栖大会得到更好的发展，这几年，宋洁不断对其进行完善。在 2019 年的云栖大会上，宋洁带领组委会为这场大会的主角——开发者们——策划了更多符合他们气质的节目。她精心组织了一场别开生面的程序员吐槽大会，除了邀请呼兰、史炎两位专业"吐槽人士"之外，还请阿里巴巴的员工走上"吐槽大会"，吐槽那些程序员们最心领神会的梗儿。

经过几年的发展，云栖大会不再是地方性的大会，已经走出阿里巴巴，走出中国，走向了全世界。它也不再是一个简单的会议，而是成了科技人创新、创业的平台，折射出了一个产业蓬勃兴起的一面。如今，在科技界，云栖大会已经成为数字经济的风向标，越来越多的国际最新科技信息在云栖大会上发布，全球开发者们也愿意来到云栖大会，寻找新的科技灵感。

马云是云栖大会从默默无闻走向兴盛的见证者：

> 第一次云栖大会的时候只来了三四百个工程师，会场在酒店里，也没什么东西可看，也没什么东西可展览，只是思想交流。到今天为止，我在这儿看到了全国乃至世界上优秀的高科技、黑科技。这里和其他科学论坛和展览会不一样，很多人到这来不是

来销售产品，而是展示和分享自己的思想，今天我们到这来的人都是因为相信。[1]

云栖大会能有今天的辉煌，宋洁功不可没。但宋洁并没有停下脚步，她还在努力，因为她心中有一个梦想：在不久后的云栖大会上，技术开发者不再是唯一的大会主角，越来越多来自产业、行业的融合实践者，将与开发者们同向而行，共同凿通面向未来的隧道。

---

[1] 引自 2018 年马云在云栖大会上的演讲。

第三节 以温暖与洞察重塑支付宝

在阿里巴巴，彭蕾的花名是"林黛玉"。但林黛玉情感细腻、伤春悲秋的形象与彭蕾本人一点儿都不搭。不过，彭蕾有自己的解释："书中的林黛玉好胜心强、爱开玩笑、牙尖嘴利，绝非是个任人欺负、只知道哭鼻子而心无城府的人。"

有好事的网友看到彭蕾与马云的长相有几分相似，便进行恶搞，说她是"女版马云"。彭蕾知道此事后，自嘲道："难怪我一直觉得马总五官虽不咋地，但凑一起就是气质独特、很有范儿。"不过，紧接着，她就开始了反击："但长相这事吧，美也好，丑也罢，说到底就一句话，我长什么样关你屁事？"

当然，这个"林黛玉"不但牙尖嘴利，还能打硬仗，在关键时刻有关键之为。

2010 年 1 月，阿里巴巴公布新的高层人事任命安排，委任阿里集团首席人力资源官彭蕾出任支付宝公司首席执行官。

彭蕾是在支付宝生死存亡之际紧急受命的。

支付宝是"十八罗汉"之一的陆兆禧一手打造的。2008 年，"淘宝之父"孙彤宇离职，陆兆禧被调到淘宝担任 CEO，支付宝则由邵晓锋接手。这之后的两年，支付宝的表现一直不能令马云满意，到 2010 年 1 月，这种不满终于来了一次大爆发。

2010 年 1 月 22 日，阿里支付宝年会如期举行，但开场气氛异常，没有耀眼的灯光，没有热闹的音乐，刺耳的电话录音打破黑暗中的沉寂，刺痛了现场 1000 多名支付宝员工的心，那是客户的指责、漫骂、怨恨、发泄。

"烂，太烂，烂到极点！"一片惊诧中，马云登台，毫不掩饰自己的失望。

一向随和的马云以前所未有的严厉批评了支付宝的用户体验："2009 年，我听到骂声最多的是支付宝。我听到很多人在很重要的场合上这样说：'假如有另外一个支付宝，我一定不用你们的。'"[1]

马云的这番话就像一盆盆冷水，泼在了每个人的头上。支付宝总裁邵晓锋，一个曾经战斗在刑侦一线、经历过生死考验的全国特级优秀人民警察，现场"哭得稀里哗啦"。

他们心里也满是委屈，邵晓锋一直告诫员工，客户永远是第一位的，不论何时一定要把用户体验放在首位。然而，支付宝的扩张速度实在是太快了，仅 2009 年一年，就有 200 多个新产品上线。团队中每个人都在超负荷运转，每天都有做不完的任务，难免顾此失彼，所以有一些产品没有注重用户体验，导致用户大量流失。表面看来，支付宝一片欣欣向荣的发展景象，但实际上当时支付宝的支付成功率只有 60% 左右，低的时候甚至只有 40%。这意味着淘宝网辛苦营销来的 100 名客户，有 40 人甚至 60 人因为无法支付成功而放弃购买，一切努力都付诸东流。对用户体验的忽视，使支付宝处于腹背受敌的尴尬境地：外部用户的抱怨声不绝于耳，内部的淘宝抱怨支付宝没有给予自己很好的支持。

因此，尽管 2009 年底支付宝的注册账户超过了 2.7 亿，日交易量再创历史新高，却也无法掩盖其用户体验极差的致命缺点。更严重的是，它还违背了阿里巴巴"客户第一"的价值观，这是马云最不能容忍的。

---

[1] 廉薇、边慧、苏向辉、曹鹏程：《蚂蚁金服：从支付宝到新金融生态圈》[M]，北京：中国人民大学出版社，2018 年。

被马云大骂一通后，邵晓锋和支付宝高管们全都走上了舞台，当场表态要迎难而上，改变这种不利局面。邵晓锋擦干眼泪后更是不服输地承诺道，一定会把支付宝的体验做得更好。只是，当局者迷，此时大部分人并不明白真正的问题到底出在了哪儿。

就在支付宝集体陷入迷茫之际，马云想到了彭蕾。他对彭蕾说："你去做支付宝的 CEO 吧。"

听到这个突如其来的任命，彭蕾懵了："我不懂，完全不知道金融该怎么做。"

在马云看来，不懂金融根本不是大问题，他半开玩笑地和彭蕾说："我相信你可以，你就告诉团队一句话，'我不懂金融，但是有一天我比你们还懂的时候，你们的麻烦就大了。'"[1]

支付宝和蚂蚁金服之后的蓬勃发展证明，马云做出了正确的选择。马云经常说："老人做新业务，新人做老业务。"支付宝三任掌门人，陆兆禧、邵晓锋和彭蕾都不是做金融和支付出身的，但是他们都会跳出对传统金融和支付的理解，正是这种跳出来的思考带来了新的碰撞。

不过，在 2010 年，马云的这项任命却让阿里巴巴的上上下下都震惊不已，每个人的心中都有一个疑问：让一个外行来搞金融，行吗？

在一片质疑声中，彭蕾接下了支付宝这个"烫手山芋"。

刚接手支付宝时，彭蕾感觉自己眼前的任务千头万绪。一方面，她需要在最短的时间里使员工团结一心，让支付宝回到正轨；另一方面，她还要尽快熟悉支付这个陌生的领域，增强自己的领导力，为公司的未来发展指明方向。

十多年的人力资源管理经验，让彭蕾深谙一个道理，要想做好事情，必须先搞定"人"。只有把人心凝聚起来，团队的积极性和创造性才

---

[1] 由曦：《蚂蚁金服：科技金融独角兽的崛起》[M]，北京：中信出版社，2017 年。

能充分激发出来。此时的支付宝更需要明确使命、凝聚人心，进而达成共识。

她决定以员工大会作为突破口。2010年春节后，彭蕾在杭州良渚大酒店召集了一场核心员工大会，支付宝P8以上的员工全部参加。

第一天晚上吃饭时，每人面前都摆了一瓶红酒，大家心里都犯起了嘀咕：这位不懂技术、不懂业务的女领导想要干什么？就在这时，彭蕾端起了酒杯，与每个员工碰杯。在她的带动下，气氛活跃了起来，大家开始相互敬酒，酒越喝越多。在她看来，作为空降过来的"技术小白"，要在最短的时间内熟悉自己的团队，喝酒是最佳途径。因为在酒精的作用下，大部分人会卸下平常的防备，也能把平时不好意思或不敢说出口的话都讲出来。果然，在酒精的刺激下，有人开始发牢骚，还有人说到激动处甚至痛哭流涕。那天彭蕾也喝多了，后来直接跟员工坐在地上聊了起来。

多年之后，彭蕾回想起来，承认自己"在外面很少喝酒，但那次喝得够呛"。她说："当时大家比较郁闷，整体在一个低潮状态，怎么能够让大家迅速坦诚相见，成为战友？所以就简单粗暴吧。"

会议整整开了四天。白天，大家集中讨论业务，晚上则是吃饭、喝酒、聊天、交心。这四天里，彭蕾讲得最多的一句话就是：

重拾初心！我们可以忘掉KPI，忘掉战略，但一定不能忘掉客户价值！

这场后来被称为"骆驼大会"的员工大会，成了支付宝历史上一个最重要的转折点，这之后，快捷支付、余额宝等产品相继推出，为如今世界第一独角兽的蚂蚁金服打下了坚固的基石。

彭蕾虽然不懂技术，却拥有女性天生的敏感性和洞察力，她对产品体验的敏锐度不亚于任何一个产品经理。更重要的是，她懂人。她坚持两条原则：一是发现并满足用户需求，重视用户体验，把给用户带来价值放到最重要的位置上。为此,不懂行的彭蕾经常在网上找各种用户的吐槽与不满意见,将链接扔给团队,要求给出解答;二是组建一个好的团队。

这些例子其实都说明了一点:在适应并逐渐主导支付宝体系的过程里,彭蕾以自己独特的女性视角,以充分的弹性与柔软度,找到了与男性占大多数的金融世界的相处方式。而彭蕾的到来,让支付宝不再只是一个工具,而是多了一些产品之外的温度。这些女性特有的思维和敏感,都成为后来支付宝乃至蚂蚁金服能够不断创新的肥沃土壤。

彭蕾没有让马云失望,只用了短短几年的时间,就把支付宝业务做得风生水起,注册用户持续增长,支付宝在阿里巴巴的底牌地位由此奠定。

2013 年初,阿里巴巴筹备组建小微金融服务,彭蕾担任 CEO。此时,互联网金融大潮已经席卷全球,相比淘宝、天猫等电子商务平台,支付宝无疑是更有想象空间的一张金牌。

彭蕾再一次给了马云惊喜。2013 年到现在,小微金融服务双管齐下,一方面以支付宝钱包在移动支付领域跑马圈地,巩固第一的宝座,同时拓展多项业务,从水、电、煤气到余额宝,业务边界不断延伸,完成了从支付工具到金融集团的进化蜕变,在移动互联网时代牢牢地站稳了脚跟;另一方面开发余额宝、招财宝等互联网金融产品,迅速在互联网金融领域独占鳌头。

如果说支付宝是一棵树,在彭蕾的精心照料与培育下,这棵将死之树开始茁壮成长,如今已经变得枝繁叶茂、根深蒂固,再大的风雨也无法伤到它的根基。

如今,我们再去回顾支付宝的发展史会发现,其成功固然有时代的机遇和移动互联网的红利,但彭蕾留下的个人烙印依旧非常明显。

在 2015 年 5 月 20 日的全球女性创业者大会上,彭蕾也曾总结过自己的领导风格。她说,是女人的三个特点支撑她走下去,让她在以男性为主导的创业世界逐渐形成了自己的领导力。

　　第一个特点是爱做梦。"女人总是爱做白日梦，总是有很多不切实际的梦想，有很多向往和神往。你今天无论是在创业还是在一家公司做什么样的工作，心里面对于未来的向往和那种不切实际的白日梦，这种感觉不要放弃。那时候是我刚刚到支付宝任 CEO 的时候，给自己的第一个心理指导，就是说我们一定要有梦想。这个梦想是什么，支付宝究竟未来会怎么样，我所做的事情未来会怎么样，我真的不知道。但我有一个向往和梦想是什么呢？我们今天所做的所有事情，如果能够给这个社会、能够给这个世界、能够给周围的这些人群创造非常微小的但是非常美好的体验，这件事情我会坚持去做。这个梦想、白日梦听上去非常不切实际，但是我们每次做商业决定的时候，就是那么实际地在指导我做所有的商业决定，在指导我做所有的甚至产品的细节，在指导我去怎么激励我的团队、怎么去跟我的员工交流。它对我的工作乃至我的生命，有非常强的指导意义。"

　　第二个特点是"不讲道理"。"作为女性，我觉得我们不要放弃自己的直觉和耍赖的权利，因为有些时候你作为女人，在那个场景里面，你要讲道理的话是讲不过男人的。他的强大脑力以及强大的分析能力，会让你觉得你没有办法跟他应对，那这时候怎么办？我手下的团队男的居多，每次我一讲什么的时候他们一大堆理由都来了。这时，我会回答：行，你们说的都对，但我就是要这样。因为我觉得很多事情，尤其是女性创业者，无论你是在大公司、大机构还是自己作为创业者，好多的方向和好多的决定，以及好多的取舍，如果你把它上到头脑这个部分的时候，它往往会误导你。所以有些时候，我们要勇于耍赖、勇于不讲道理，有时候你就告诉团队，你要么改变我，你现在没法改变我，你就照着这么做。"

　　第三个特点是"小心眼"。"在自己熟悉的领域，当有熟悉的一个外来者、有一个竞争者、有一种威胁降临的时候，女性的反应通常是很不爽的，或者说至少我是这样的。我觉得在这个事情上，我自己的体会是绝对的小心眼。所以也许我没有办法说，我可以绝对地胜利。

但是我要付出 200% 的努力，证明我的决定是正确的，而且证明我可以比你创造更大的价值、更好的体验。"

她还提醒"女人不必太较劲"。在她看来，过程比结果更重要：

> 生命的过程，就是不断在拓展深度、延伸宽度的过程，在这个过程当中，你有没有把你要去体验的、你需要去努力的这些部分做到极致，我觉得这个过程非常重要。如果已经沿着心里的直觉努力了，那么坦然接受结果，不要与现实较劲。尤其是在职业的环境里面，不要去和男同胞们比肌肉，这个不是咱们该干的事。我觉得我们今天要去想好的是怎么样发挥我们自己的特点，所有事情我们尽全力努力，但是对结果坦然面对、坦然接受。

彭蕾独特的女性领导人气质，决定了支付宝能够在第一次重大转型的当口安然度过，在后来的发展阶段，她也将这种特质发挥到了极致。

第四节　立下愚公志，敢啃硬骨头

很多人说，阿里巴巴是一家非常伟大的企业，因为它敢做别人不敢做、做不了的事情。而成就这份伟大的，是阿里人敢啃硬骨头、敢于涉险滩的执着与无畏。

执掌蚂蚁金服八年，彭蕾已经不记得自己啃过多少块硬骨头了。"把硬骨头啃出味儿来"，听起来有几分浪漫主义的色彩，但是在彭蕾那里，却演绎出了现实主义的精彩。

在金融领域，有一块市场，被公认为"难啃的骨头"，无人愿意开垦，那就是农村金融。在中国，农村一直是被金融业边缘化的区域，有效需求的缺失、农村人口过于分散、农民集体土地所有权流转的障碍、互联网在农村的普及率依然很低，都是农村金融发展不得不面对的一个个"拦路虎"。正因为如此，农村金融成为我国金融体系中的一块短板。谁都知道，在互联网基因还不够深入的广袤农村，金融业的发展注定是一条漫长而又艰难的路途。

"硬骨头"是什么？就是难以越过去的坎，就是难以翻过去的坡。面对这样的"硬骨头"需要一种什么样的态度？有人选择绕道走，有人选择了咬牙"啃"到底，彭蕾是后者。因为她知道，如果选择绕道走，或许能暂时避免与这个问题的正面冲突，但是这个问题依然在那里，依然是梗阻。所以，彭蕾"明知山有虎，偏向虎山行"，她深知前路艰难，却仍下定决心要在这七亿多的人口里攻城略地，希望通过互联网重塑农村金融，推动农村经济的发展。

2016 年 10 月 16 日，在蚂蚁金服成立两周年的庆典现场，彭蕾提到了自己的母亲，从中可以看到她关注农村金融市场的初心：

> 我的妈妈 72 岁，她已经退休了，她在农村信用社工作了一辈子，在很小的时候，我有记忆的时候开始，我觉得她是一个特别焦虑的人，为什么焦虑？比如这个账错了，给人家钱多了，或者是存钱的时候眼睛看不清楚，收进假钞，或者贷款追不回来，翻山越岭、跋山涉水地去把钱追回来。[1]

或许，正是因为从小便对农村金融工作之艰难耳濡目染，彭蕾对传统金融机构一听就皱眉头的农村金融"情有独钟"，并为开拓这片市场竭尽所能。

在第二届世界互联网大会上，彭蕾曾经说道：

> 以前，农民想获得金融服务是非常难的，他们缺少信用积累，传统的金融服务也无法触及偏远的山村，而互联网的技术正在改变这一切。蚂蚁金服通过互联网方式建立新的风险甄别体系，降低融资成本，快速、有效地服务小微企业、中低收入群体以及农村用户。[2]

在彭蕾的带领下，蚂蚁金服向农村金融市场的挺进可谓稳打稳扎、一步一个脚印：

2015 年 12 月，蚂蚁金服在中国农村覆盖面最广的中国邮政储蓄银

---

[1] 引自 2016 年 10 月彭蕾在蚂蚁金服成立两周年庆典上的演讲。
[2] 引自 2015 年 12 月彭蕾在第二届世界互联网大会上的演讲。

行投资入股，二者在快捷支付、用户服务、小微企业贷款、大数据分析、金融云计算等多个领域展开合作。彭蕾希望通过蚂蚁金服与邮储银行的战略合作伙伴关系，充分发挥双方各自的优势，利用双方在技术、渠道、用户群、业务模式等方面的强互补性，共同探索普惠金融的发展之路。

2016 年年初，蚂蚁金服成立了农村金融事业部，利用互联网、大数据、云计算技术，专注于"三农"用户的生产、经营、生活，致力于整合蚂蚁金服的各类普惠金融服务，包括支付、财富、保险、融资、信用等，并联合阿里巴巴电商集团涉农部门（村淘）、菜鸟物流等业务条线，为"三农"用户提供服务与支持。希望通过服务生态的办法来服务农村用户，从而在农产品的生产和经营上为农户提供一体化的金融解决方案。

经过不断的发展，农村金融事业部内部逐渐形成了三大服务平台——旺农贷平台、旺农保平台和旺农付平台，有针对性地对三类不同的农村客户群提供服务。其中，旺农贷平台主要是为"三农"用户提供纯信用（无抵押或担保）贷款，专项用于购买农资农具的信用借款、消费信贷产品等。旺农保平台则为现代化的农业生产经营提供保障，已有的产品包括农民采购农资的质量保证险、信用保证保险、生产过程中的种植险和指数险、销售农产品的品质险。而旺农付平台则为"三农"用户提供互联网缴费、充值、转账等一系列支付服务的解决方案。三个平台各有侧重，将农村用户面对的贷款难、贷款贵、贷款风险大的难题一举攻克。

2016 年 3 月 28 日，蚂蚁金服又启动了一个名为"千县万亿"的计划，这个计划包含了旨在提升公共服务水平的"互联网 + 城市服务"、旨在带动县域商业升级的"互联网 + 生活商圈"、旨在为大众创业和万众创新护航的"互联网 + 创业金融"等多个单元。希望用三到五年的时间，在全国 1000 个县助推和完善"互联网 +"商业、公共服务和创业金融的平台；通过蚂蚁金服的大数据、技术能力与各地基层政府大数据相结合，撬动万亿社会信贷资源，共同参与县域升级，助推城乡均衡发展。[1]

2016 年 4 月底，在 B 轮融资完成后，蚂蚁金服又宣布将普惠、绿色、农村和国际化确立为未来发展的四大战略，从而将开拓农村金融市场提升到了战略高度。

2016 年 12 月 20 日，蚂蚁金服在北京召开农村金融战略发布会，宣布以战略投资者身份入股中和农信项目管理有限公司，成为中和农信的第二大股东，补足农村金融线下能力。中和农信遍布国内 18 个省的 229 个县，是如今中国最大的公益性小额信贷专业机构，也是目前国内最大的专注于农村金融服务的社会企业，并宣布与中华保险成立合资公司，向农业龙头企业的供应商提供贷款，吹响了进军农村小贷的号角。

也是在这次农村战略发布会上，蚂蚁金服全面开启农村金融战略：以三大业务模式服务"三农"用户全面需求，以三年"谷雨计划"推进普惠金融扎根农村。所谓的"谷雨计划"，即在未来三年的时间里，蚂蚁金服将联合 100 家龙头企业，为大型种养殖户提供金融服务；与合作伙伴一起，为 1000 个县提供综合金融服务，包括支付、信贷、保险等；面向国内"三农"用户，拉动合作伙伴及社会力量提供累计 1 万亿元信贷。如此力度，足可见彭蕾深耕农村金融市场的决心之大。

2018 年 5 月 25 日，蚂蚁金服又牵手国内颇有知名度的生鲜电商易果生鲜，整合阿里电商力量，联合农村淘宝、天猫超市等，向易果生鲜提供一款供应链金融解决方案，并第一次详细地对外阐释了蚂蚁金服的"金融＋电商＋农业生产"互联网农产品供应链布局。

蚂蚁金融的农村战略，让农村金融"荒漠"变成"绿洲"，将无数农民拉入了时代发展的洪流之中，使他们也能和城里人一样，享受到同样的金融服务。

---

[1] 由曦：《蚂蚁金服：科技金融独角兽的崛起》［M］，北京：中信出版社，2017 年。

　　彭蕾曾经讲过这样一个故事：2016 年，河北清河县有一位叫作马玉明的农民，是十里八村远近闻名的拖拉机能手。农忙时，他就租赁别人的拖拉机，帮邻居们耕作土地，这是他们一家主要的收入来源。但是租赁拖拉机的费用并不低，于是他萌发了自己购买拖拉机的想法。他在淘宝网上看中一台 6 万多元的拖拉机，却苦于无钱购买。后来，在村里"淘小二"杨德超的介绍下，他向蚂蚁金服发起设立的网商银行申请个人贷款。过了一周左右的时间，8 万元旺农贷贷款就转到了他的账户。除掉买拖拉机花的 6 万多，剩下的钱还能购买原材料和化肥。这年秋天，马玉明开着自己贷款买来的拖拉机，用了二十多天的时间，就赚了 7.5 万元，比往年多赚了一倍多。蚂蚁金服的贷款服务彻底改变了马玉明的家庭经济，使他走上了小康之路。[1]

　　像马玉明这样的故事，还有很多。现在，旺农贷已经覆盖了中国 17 个省的 65 个县近 1000 个村，蚂蚁金服已经累计服务 43 万家农村小微企业。

　　　　金融不是冷冰冰的数字游戏，也不是贪婪的血腥机器，金融应该是有温度和情怀的。我们不只是让更多的农民能够更快、更方便地贷到款，也要让他们享受到理财、保险等其他的金融服务。

　　这是彭蕾的心声，也是每一个阿里巴巴人的心声。

　　像农村金融这样的"硬骨头"，在彭蕾的二十年阿里巴巴生涯中可谓数不胜数。凭借着滴水穿石的精神和"啃硬骨头"的韧劲，她打下了一场又一场攻坚战，让越来越多的"不可能"变成了"可能"。

---

　　[1] 参考 2015 年 11 月《北京晨报》的报道《互联网金融下乡记：较量已从刷墙到大数据风控》。

第五章

铁腕执行：做事要有一股“敢”劲

　　在人们的印象中，女性天生心软，然而，马云却偏偏把反腐、打击违规违法的工作安排给女性高管。其实，女性做起事来，也有一股狠劲。在坚持原则方面，更是丝毫不比男性弱。阿里巴巴令所有腐败者胆寒的“反腐女王”蒋芳，充分证明了这一点。她连马云都敢查，她让腐败之处血流满地，她决不容许蛀虫在内捣鬼，宁愿“炸掉也不能毁在一帮骗子手里”！

第一节 大是大非敢亮剑

古人云："壮士一怒，血溅五步；君王一怒，流血漂橹。"其实，红颜一怒，也足以使地动山摇。蒋芳的一怒，曾引发了一场阿里巴巴成立以来最为严重的一场人事地震。

2010 年底，马云突然听到了一些风声——"中供"部门好像出了些问题。

中供是"中国供应商"，是阿里巴巴的初创业务之一，可以说是阿里巴巴最牛的部门，又被称为"中供铁军"。为什么说他们是"铁军"？了解阿里巴巴的人都知道，从 B2B 起家的阿里巴巴，正是凭借着这支强大而彪悍的地推团队，才能在最艰难的岁月里磕下一个又一个客户，以强大的盈利能力养活了淘宝，成功孵化了支付宝等家喻户晓的产品，从而走出谷底，熬过世纪之交的互联网寒冬，奠定了电商行业"龙头老大"的地位。

这是一支以强硬著称、能打敢拼的销售团队，一支屡创奇迹、被称为"现金奶牛"的生力军，它不仅是阿里巴巴的传奇，也是整个阿里巴巴生态不断延展的人才基础。它的足迹，更是整个阿里巴巴发展史上最重要的里程碑之一。马云曾公开评价："这是阿里巴巴旗下最彪悍、最具战斗力的销售团队。阿里能有今天，'阿里铁军'功不可没！"尤其值得一提的是，在这支队伍中，涌现出了大量的风云人物，比如滴滴 CEO 程维、美团 COO 干嘉伟、大众点评 COO 吕广渝、去哪儿网 COO 张强，赶集网 COO 陈国环，等等。如今他们各自创业，几乎占据了国内互联网市场的半壁江山。

正因为"中供铁军"在阿里巴巴具有如此重要的地位，当马云得知中供出现问题时，顿时心底一惊。为了解事情的真相，马云决定将蒋芳调到中供的诚信发展体系部，负责管理诚信安全事务。

当时的蒋芳正在海外市场总监的职位上干得如火如荼，但马云的一纸调令重千钧，虽然她知道这是个得罪人的活儿，还是毫不犹豫地接受了。

蒋芳对这个新职位的理解是：专门查处各种为赚快钱不择手段的坏人。因此，一进中供，她就开始了重磅反腐工作，对供应商内外勾结、员工拿巨额回扣的现象进行摸底排查。不查则已，一查结果令她触目惊心。

2011 年 1 月 22 日，蒋芳在一封内部邮件中忍不住大爆粗口：

> 2010 年跑来投诉中供是骗子的买家每个月比 2008 年翻了 20 倍！还查到有些销售，一个人就签进来好几十家骗子公司，甚至还一手拿公司的佣金，一手拿骗子的贿赂！真是他妈的太气人了！现在我特别庆幸调我来管这个业务，当年大家好不容易做起来的事业，炸掉也不能毁在一帮骗子手里！

马云平时很少会看内部邮件，恰好在这一天，他鬼使神差地看了这一封群发邮件。他当时感觉十分震惊，他了解自己的学生，蒋芳一向文静，是什么让她气愤至此，竟然说出了"他妈的"这样的粗口？

马云当即打电话给蒋芳了解情况。原来，从 2009 年开始，阿里巴巴 B2B 平台收到的欺诈投诉就出现了上升的趋势。经过调查之后，他们发现，1.1%（1219 家）中供客户涉嫌欺诈。为了解决这个问题，2010 年，阿里巴巴采取了"黑名单制度"，把不能签约的骗子客户列入黑名单，对欺诈行为进行整顿。到 2010 年年底，黑名单客户比例已经下降到 0.8%，当时担任中供 CEO 的卫哲认为，再过几个月就可以把黑名单客户从平台彻底清除。但他没有想到的是，此时仍然有中供的销售人员，为了提升业绩，有意或无意忽略客户欺诈风险，与骗子公司签约，却没有受到及时处理。蒋芳对此愤怒不已，因为这些内外勾结的中供销售，正在一点点蚕食掉公司的商誉，严重损害了消费者以及阿里巴巴本身的利益。

蒋芳的汇报也让马云勃然大怒。一直以来，他最担忧的正是公司内部出现内外勾结、严重腐化的问题。在他看来，对于一个企业来说，外部的竞争对手并不可怕，可怕的是萧墙之内的祸患。中供里混入骗子供应商，这对于市场来说是再正常不过的，但这种内部腐化有可能成为杀死阿里巴巴的真正凶手。

当时已是深夜，但马云仍紧急召集了卫哲等人，在公司附近的酒吧长谈。直到此时，卫哲才知道，自己之前对于此事的处理有些掉以轻心。在马云的心中，这是天大的事情，而卫哲却觉得骗子公司比例从 1.1% 下降到 0.8% 已经做得很好了。

几天后，马云又把中供所有大区"省长"（即阿里巴巴 B2B 公司的大区总经理）和"政委"召回杭州，重新召开了一次扩大会议。当时正是 2011 年 1 月下旬，杭州在连续一周的雨雪天气后终于放晴了几天。然而，参与这次会议的彭蕾、蒋芳、戴珊的心中却一片灰暗，"一进门就感觉到一种肃杀的气息"。

看着这些曾经一起走过风风雨雨的同伴，戴珊心中有些不忍，她好心地提醒了一句："你们小心一些。"

会议一开始，中供的一些人汇报当时的情况，彭蕾是站着听的，他们讲了没几句，彭蕾就忽然哭起来，哭得非常伤心："在今天这种状况下，中供的管理层还能这么理性地说这件事，我接受不了。"

但情归情、义归义，她们心中深知，公司的底线是绝对不可触碰的。

在这次会议上，马云将事情定性为"非常严重"，并下令严查到底。在会上，他宣布，在场所有人都把脑袋别在裤腰带上，公司随时可能会调查。从两个细节就可以看出这一事件在马云心中的严重性：外地与会人员在过年之前都不许离开杭州，必须接受调查；阿里巴巴公司所有的年终庆典、仪式活动全部暂停，不批准相关费用的申请，同时，在问题调查清楚之前，所有在场人士的年终奖都停止发放。

考虑到会议产生的后果有可能引发阿里巴巴内部的震荡，蒋芳在肃穆的气氛中小心翼翼地问了一句："我们跟房间之外的人怎么讲？"

马云想都没想就回答道："一个字都不用改，都讲给大家听。"

这次会议后，阿里巴巴独立董事关明生、蒋芳组建了独立调查组，对"黑名单事件"进行彻查。

2011年的春节很快就到来了，但马云、彭蕾、卫哲和所有中供的人，都没有过好年。尤其是蒋芳，即使是除夕之夜，也在紧张忙碌地进行调查，只为找到那些内外勾结签黑名单客户的销售人员。

2011年2月21日，在阿里巴巴B2B公司的董事会上，关明生和蒋芳联合汇报了调查结果。这份名为《Savio中供打黑特别行动小组报告》的文件显示：约有100名销售人员及主管和销售经理，明明怀疑甚至知道卖家有问题，但还是帮助他们做了认证，让他们成为"黄金供应商"。

这份报告认为：中供这个积累了十年的有价值的平台，正在被销售人员贱卖。他们不再强调中供的价值，而是以"出口通"不过就是"一天少抽一包中华烟"这样的钱来吸引客户。而且，当"危机的征兆"初现端倪时，中供高层的处理方式却极为不妥，"利益优先，以管理方式处理生死存亡的危机，大事化小，小事化了，从而错失了遏制事态蔓延的机会"。

调查报告宣布的当天，阿里巴巴公司召开了董事会，卫哲引咎辞职，除此之外，上到VP和总监，下到普通员工，大批参与此次事件的人员或卷铺盖走人，或接受降级处分，但"中供铁军"却被保住了。

后来，蒋芳回忆起这一幕，说道：

> 很多人会有如果论，如果等我强大了，我就不再违反我倡导的。但马老师不是，我们在前途未卜的时候依然坚持我们的坚持。

这次"中供黑名单事件"，蒋芳既是最早关注的人，也是从头至尾的调查者，"中供铁军"得到净化，她可谓不负使命。在调查过程中，蒋芳承受了极大的压力，也曾想过大事化小，然而，作为阿里巴巴从0到1再到100的见证者，她做出了自己的选择：坚决捍卫阿里巴巴的价值观！

也正是从那时起，蒋芳坚定了自己的反腐决心：

> 从这个事情之后，我开始会为了维护客户利益敢跟上级拍板了！[1]

"疾风知劲草，烈火炼真金。"在大是大非面前，女性的果敢与坚守也不输须眉。她们敢"较真"、敢"叫板"，不因磨不开情面而心慈手软，不会挟藏私心而放任自流，以"敢"的狠劲和铁的手腕，向"毒瘤"开刀，与损害企业利益的人无畏地斗争到底。

而在这"敢"的背后，是忠诚。马云深知这一点：

> 想要劝服女人相信一个目标非常困难，劝一个男人就很容易，但当你成功说服了一个女人，她就会坚守住这个目标，非常忠诚，而男人来得快去得也快。

---

[1] 引自2019年2月新浪财经的报道《马云贴身锦衣卫蒋芳养成记》。

第二节 "连马云的台都敢拆"

随着阿里巴巴从一叶扁舟成长为万吨巨轮，各种问题层出不穷，其中，最令马云担忧的，便是内部腐败问题。人心欲壑难填，有人的地方就有腐败。这些藏在深处的"蛀虫"，无声无息地肆意蚕食着公司的利益。很多大企业在一夜之间轰然倒塌，不是因为市场竞争的失败，而是因为未能及时肃清内部腐败这个最危险的敌人。

为了挖出阿里巴巴内部的"蛀虫"，早在 2009 年，马云便效仿香港的廉政公署，在阿里巴巴成立了一个廉正部。随着阿里巴巴的体量越来越大，员工数量越来越多，各个条线中的管理问题、制度问题也越发突出，巨头贪腐现象再次引起了马云的高度重视。于是，2012 年，马云又将廉正部进一步升级为廉正合规部，希望借此举强化反腐的制度性力量，重点查处、打击员工的腐败行为。

让谁来担任廉正合规部的负责人？这个问题马云思索良久，后来，他的目光落在了蒋芳身上。

在阿里内部，很多人叫蒋芳"姐姐"，因为她虽然身为高管，却平易近人、和蔼可亲。但尽管蒋芳外表看上去人畜无害，做事却有一股狠劲。尤其是她在"中供黑名单事件"中的果决表现，更让马云相信，这个柔弱的女子能扛起反腐的大旗。

马云原以为蒋芳对公司一片赤胆忠心，一定会迎难而上。然而，出乎他意料的是，当他在会上宣布这一任命的时候，蒋芳一声也没吭，没有做出任何回应。

马云愣了一下，但很快，他就猜透了蒋芳的心思：反腐不易，她是想要一把尚方宝剑！他马上高声说道："从今天开始，阿里的所有人，廉正合规部都可以查，包括我在内！"

听了马云的这句承诺，蒋芳才欣然走马上任。

新官上任三把火，执掌廉正合规部之后，蒋芳首先为自己的团队明确了三个主要职责：对员工进行调查，如果有人存在违反《阿里巴巴集团商业行为准则》的行为，马上进行处分。除了调查之外，还要进行预防工作。不仅调查违规者本人的职业操守，还要观察现有的管理和业务员是否给腐败留有机会。最后是教育，增加团队放大善的机会，遏制产生恶的机会。

不仅如此，她还身先士卒，给下属们做出了示范：以自己的铁面无私给了马云一个下马威！

2010 年 4 月，马云与聚众传媒创始人虞锋一起发起成立了云锋基金，这是中国唯一一个由成功创业者、企业家和行业领袖共同发起创立的私募基金。除了马云和虞锋之外，巨人网络董事长史玉柱、新希望集团董事长刘永好、银泰投资董事长沈国军、新奥集团董事长王玉锁、分众传媒董事局主席江南春、深圳迈瑞医疗董事长徐航、易居中国董事局主席周忻、中国动向董事长陈义红、五星电器创始人汪建国、七匹狼创始人周少雄、九阳股份董事长王旭宁、优孚控股总裁张幼才等十多位有名望的企业家都是基金的发起人。其中马云和虞锋投资金额较大，其余人投资金额均等，虞锋拥有最终的投资决定权。

因为这属于个人行为，马云提前向廉正合规部打了报告。没想到，蒋芳却直接否决了，原因是云锋基金的投资方向主要是新兴产业，很可能会与阿里业务冲突。

直到马云明确表示自己在云锋基金的收益将全部捐给公益事业，不存在任何图利行为后，廉正合规部才通过了他的这一投资计划。

尽管蒋芳公然拆了自己的台，但马云却因此更加确信：自己没有选错人！

在参加中央电视台《对话》节目时，蒋芳曾经说过：

> 我不是一个在事业上很有企图心的人，我一直选择做一个跟随者。

但就是这样一个没有野心的人，马云却给了她"对所有人都可以一查到底"的权力，他看中的，正是蒋芳的铁腕执行与不留情面、不徇私情。

在很多人的印象中，女性天生心软，这种反腐、打击违规违法的工作似乎更适合男性来做，但马云却反其道而行之，偏偏安排了女性。其实，女性坚持起原则来，丝毫不比男性弱。蒋芳也没有辜负马云的期望，迅速成长为令所有腐败者胆寒的"反腐女王"。在她的监督与引领下，阿里巴巴内部逐渐恢复了往日良好的风气。

第三节　腐败之处，血流满地

跟随马云多年，蒋芳已经成为阿里巴巴文化和价值观的守护者和践行者，如果没有蒋芳，阿里巴巴这个商业帝国绝不会在互联网的白热化竞争中轻装上阵。有人说是阿里巴巴成就了蒋芳，但换一个角度来说，蒋芳也捍卫了阿里巴巴。

这些年来，蒋芳一直站在反腐的最前线，在接连不断的贪腐危机中，她杀伐决断，从不因一时的心慈手软而忘记自己的使命。为了肃清阿里巴巴的风气，她更是掀起了一次又一次声势浩大的反腐行动。

2012 年，轰动一时的"聚划算事件"就是由她负责调查的。

2010 年，为了满足当时的市场需求，阿里巴巴成立了聚划算项目组。凭借着淘宝已经培育起来的庞大商家与买家群体，聚划算的业绩一路飙升，到 2011 年，日交易量从数万、数十万到数百万地飞涨，逐渐成了淘宝的核心业务。这之后，聚划算从淘宝板块独立出来，成为独立运营项目部。在总经理阎利珉的经营下，聚划算发展成为当时最大的团购平台，到 2011 年年底，聚划算全年完成交易额 101.8 亿元，超过其他所有团购网站交易额之和。只用了一年多的时间，聚划算就占据了国内团购市场的半壁江山，发展速度可谓惊人。

阿里巴巴的"放养"式管理，带来了聚划算的蓬勃发展，但也使其成为滋生腐败的土壤。因为聚划算占据团购市场 52% 份额，所以，各路商家挤破脑袋都想进入这个平台。对于这些商家来说，能够进入聚划算的大盘并获得网页关键位置推荐，就意味着不可估量的巨大流量与销售额。因此，一些商家就动起了歪心思，想方设法与聚划算的工作人员拉关系，甚至不惜进行大额贿赂、施美人计。曾经有媒体进行过报道，每到周末，杭州各大高档娱乐场所就成了淘宝店小二的天下，对于他们来说，一场饭局花上个几万块钱是稀松平常的事情。用淘宝系商家的话说："他们想怎么消费就怎么消费，对我们来说，他们才是我们真正的神。"往往在一场场推杯换盏、灯红酒绿间，下个星期各个活动位置的推荐商家就已经确定了，后面的生意自然水到渠成。而那些没有门道或出不起钱的商家们，仍在苦苦排队，傻傻地等待着上活动、上首页的机会。

接到举报后，蒋芳迅速介入调查。经过一番大刀阔斧的排查，真相很快就浮出了水面：以总经理阎利珉为首，整个聚划算项目组都陷入"塌方式腐败"！如果继续查下去，整个聚划算部门都会遭受重创，很可能从此一蹶不振。

这时，有人劝蒋芳不如睁一只眼闭一只眼，因为在当时的团购市场，这样的腐败情况非常普遍，聚划算不是独一个。而且，比起聚划算业务对阿里巴巴的贡献，工作人员的贪腐只是疥癣之疾。更重要的是，当时团购领域的另一巨头美团与聚划算一直处于激烈的竞争之中，如果端掉阎利珉，等于把团购市场头把交椅拱手相让，势必让美团坐收渔人之利。

二十多年，蒋芳陪伴着阿里巴巴一路走来，目睹了企业发展历程中的种种艰辛。现在要动这么大的"手术"，蒋芳的心头感觉像压上了一块沉甸甸的大石头。于是，她去征询马云的意见，问他查还是不查，马云当场拍板："查！就算不要这个业务，也要守住阿里的价值观！"

得到马云的支持后，蒋芳马上采取了雷霆手段：经过调查核实后，蒋芳亲自开除了21人，还把其中的7人送上了法庭。聚划算总经理阎利珉因为在2011年先后收受他人总价值53.8万元的两辆轿车而被判处有期徒刑7年，锒铛入狱。他也成了蒋芳上任"锦衣卫"后打掉的第一只"大老虎"。

经此一役，蒋芳威震阿里巴巴。

这次人事震荡造成的最直接后果，是原本发展得如火如荼的聚划算业务出现滑坡，再也不复当年之勇。美团等竞争对手趁机崛起，甚至后来居上，将聚划算远远甩在了身后。但是蒋芳并不后悔，通过这件事她再次维护了阿里巴巴的价值观和企业文化，在她看来，这比某个项目的发展更重要、更有意义。

后来有人评价，严查聚划算腐败是马云为数不多的赔本买卖。如果聚划算能够守住团购市场头把交椅，如今估值起码以千亿人民币起跳。查处受贿几十万的阎利珉，让一家可能估值上千亿的公司从此熄火，实在是亏大了。但是，蒋芳的算法却并非如此，在她看来，如果对腐败姑息纵容，又何来今日的万亿级阿里！

因为蒋芳的铁面无私与行事果决，有人这样形容她：腐败之处，血流满地。

事实的确如此。之后，蒋芳为阿里巴巴除掉的"大老虎"有：

2014 年，阿里巴巴集团人力资源部原副总裁王凯，因为非法收受或者索取他人好处费共计 260 余万元，用于个人消费，被判处有期徒刑 8 年 6 个月，并处没收财产 10 万元。

2015 年 7 月，阿里巴巴前副总裁刘春宁因涉嫌商业贿赂，被深圳警方带走。不过，阿里影业曾发公告回应称："刘春宁因在腾讯任职期间收受贿赂被调查，与其在公司的现有职务无关系。"

2016 年 2 月，合一（优酷土豆）集团发布内部信，称副总裁卢梵溪因负责的某些制作项目财务上存在疑点，被公安机关认定为涉及贪腐，已经被带走。彼时，合一集团已经被阿里收购，成为其子公司。

2016 年 11 月，阿里影业副总裁、淘票票总经理孔奇，因贪污受贿被警方带走，涉案金额 190 万元左右。

2018 年 12 月，优酷原总裁杨伟东经济问题东窗事发，涉案金额超过一个亿，被立案调查。

……

每一个高管的倒下，都会让蒋芳无比痛心。但下一次，她仍然会毫不留情地举起手中的"利刃"。在这条反腐之路上，有一种使命感始终支撑着她：阿里一路走来血泪流了一地，决不容许蛀虫在内捣鬼，宁愿"炸掉也不能毁在一帮骗子手里"！

在一次采访中，蒋芳曾经用一句话表达了自己的态度：

> 企业文化非常关键，要有牺牲的精神投入在企业文化的建设上。企业文化不是甜点，是正餐。花时间和精力只是付出还不够，你应该为此剧烈痛苦。

或许，在蒋芳心中，再多的痛苦，也是值得的，因为她要守护好阿里巴巴这棵仍在成长的大树。

第四节 价值观底线不可破

从阿里巴巴创立以来，马云一直坚定地把"恪守诚信"作为人生的准则和企业经营的王道。在多个场合，他都曾说过诚信的重要性："我一直坚信，诚信是有价值的，是可以变成钱的，诚信是最大的财富。一个社会本来就应该是这样。如果反过来，失信者一路绿灯，守信者步步维艰，那这个社会就麻烦了。"

2002 年，在互联网寒冬中，阿里巴巴处境艰难，一度处于生死存亡的关键时刻。但即便是在那时，马云也坚决否决了通过贿赂别人来做生意的想法，宁可公司倒闭，也要坚守诚信的底线，并以此来要求自己的员工和警告合作伙伴。"今天我们最骄傲的不是阿里巴巴卖出了多少商品，而是阿里巴巴建立了一个诚信体系，用商业的办法向所有人证明了诚信值多少钱。"

一直跟随在马云身边的蒋芳深受感染，多年来，为了捍卫阿里巴巴诚信这条准绳，她"不惜付出哪怕是巨大的代价"。

2016 年中秋节前夕，按照惯例，阿里巴巴给每位员工发了月饼作为福利。这一年的月饼因为造型别致可爱，备受员工们的喜爱，很多员工希望购买一些赠送给亲朋好友。于是，阿里巴巴行政部决定通过内网抢购的方式来把剩余的月饼卖给员工，并临时开发了一个秒杀页面。一时间，所有员工开启"疯抢"模式。阿里巴巴安全部的几位员工为了抢购月饼，利用自己的技术特长编写了一个脚本，轻松抢到了 100 多盒月饼。

在很多人看来，这不过是一件微不足道的小事，然而，对于把诚信作为红线的阿里巴巴来说，这却是一件与价值观有关的大事。只用了两个小时，阿里巴巴的首席风险官刘振飞和阿里云总裁胡晓明就对此事做出了处理决定：对抢购月饼的四名安全部员工做出了劝退的决定。

通过互联网的极速传播，"月饼事件"瞬间发酵起来，一时间，舆论炸了锅：如此小题大做是否应该？

其实，如此严厉的处理方式，不只招致外界广泛质疑，在阿里巴巴内部也引发了一场大争论。《中国企业家》报道，"很多人在内网里公开大骂管理层"，而阿里巴巴的管理层在做出决定前，也争论得非常痛苦而激烈。

在这件事上，蒋芳一直力挺刘振飞和胡晓明，并积极参与到此事的处理之中。经过阿里巴巴高层的一致讨论，涉及此事的第五位员工——阿里云安全团队的阿里云云盾安全技术负责人叶敏也被辞退。这位员工于2010年加入阿里巴巴，是资历较深的安全专家，堪称阿里安全技术的第一人。对如此重要的技术专家做出劝退的决定，无异于壮士断腕，但在蒋芳看来，像阿里巴巴这么庞大的公司，严格的纪律和正确的价值观才是前行之尺。任何触犯"诚信"这条天条的人，都必须在第一时间被清理出阿里巴巴的队伍。

2016年9月14日，在阿里巴巴内网上，蒋芳又发布了《关于"月饼"事件的复盘》的内部公开信，对阿里巴巴管理层对"月饼事件"处理的前后考量进行了复盘，并对阿里巴巴诚信的价值观进行了重申：

> 9月12日，安全部4位同学和阿里云安全团队的1位同学，用编写脚本代码方式，在公开秒杀月饼的内部活动"秒"到了133盒月饼。
>
> 首席风险官刘振飞及阿里云总裁胡晓明在与上述同学经过非常坦诚的沟通之后，公司对上述同学做出了劝退的决定。这不是一个容易做出的决定，也不是一个可以得到各方面理解的决定，

这个决定也让公司再次成为舆论的风暴眼。

来自公司内网、微博、微信、知乎等各种对此事的关注和讨论我们一直在看。今天，集团用了四个小时对此事进行了复盘和讨论，逍遥子、戴珊、行癫、振飞、郭靖、王坚、王帅、马老师及我都参与其中。

最终我们选择支持振飞和晓明的决定，我们读到和听到各界的反馈，也检讨和反思我们在做这个决定之前和之后哪些工作没有做好，引发许多同事担忧我们对坚守价值观过于偏执以及会给鼓励创新的容错文化造成伤害。实话实说，我们也争论、纠结，感到难受。

很多人问为什么我们处理得这么重，因为阿里是一家把权力真正下放到每个普通"小二"手里的公司，下放权力的基础就是组织和员工之间的本能的信任。只有一个建立在信任基础上的团队才能走得长远、打得起硬仗。

因为只有授权才能服务好客户，更快地根据客户需求做出迅速有效的决定。但我们必须反复提醒自己，要善待手中的权力，也像爱惜自己的眼睛一样爱惜别人对自己的信任，爱惜自己的才华，更何况是以攻防"网络灰黑产"和反作弊为己任的安全部门同事。

未来，我们还将继续充分信任和授权我们的同事。在这个过程里，我们可能还会做出一些让公司陷入风暴眼的决定，因为我们不是做给别人看的，而是敬重大家彼此间的信任、一致的理念，遵循做事做人的初衷和本心。

公司和人一样，不完美。我们很幸运，用本心做对了一件件小事，才有了今天的影响力；未来我们若不能保持一颗敬畏心，而是以自己的方便和获益为首要考虑，那么也将是一件件看似不起眼的小事，解构和击败所有人的奋斗。

有时候往往无心之举，却带来大家都不愿但也要面对的结果，这种结果最让人无奈。在月圆之夜送同伴离开，应该是这个中秋最大的遗憾。真心希望也相信这个事业人生旅途上的挫折，能让这几位年轻人想得更远、走得更踏实。

每个阿里巴巴的同事，也更应该理解，因为征途远，责任重。唯有学会约束自己的欲望，尊重自己的能力，敬畏手中的权力，我们才担得起亿万客户的信任和托付。

对蒋芳来说，开除这些员工，的确不是一个容易的决定。但杀一儆百，只因为价值观底线不可破；忍痛割爱，只因为任重道远，更需不忘初心。

其实，不只是蒋芳，对于阿里巴巴的其他高管来说，捍卫价值观也是唯一的选择。"月饼事件"发生半年后，在回忆起此事时，童文红曾说，换成她来处理，"可能还是要选择开除"。

第五节　慈不掌兵，做事霹雳手段

2019 年，一向低调的美团创始人王兴罕见地对淘宝天猫总裁蒋凡与拼多多创始人黄峥进行了一番点评，他说："接下来几年，就看拼多多的黄峥和淘宝天猫的蒋凡这两个非常聪明的人如何较量，应该会很精彩。蒋凡要是能赢这一仗，那就是当之无愧阿里 CEO 的接班人，如果他有兴趣干这个活的话。"

然而，一年后，谁也没有想到，蒋凡竟然会倒在这样一件不甚光彩的事情上。

2020 年 4 月 17 日中午，一位名为"花花董花花"的微博用户公开点名张大奕，称"这是最后一次警告，再来招惹我老公我就不客气了"，并让其自重。随后，有网友扒出，当事人的老公疑似淘宝总裁兼天猫总裁蒋凡。

这场由总裁夫人在微博手撕小三的大剧，顿时吸引了无数人的眼球。资本市场也随即做出反应：2020 年 4 月 20 日上午，阿里巴巴的早盘股价下跌近 2%，报 203.6 港元。截至上周五港股收盘，阿里巴巴股价为 207.6 港币，当天开盘阿里股价 205.4 港币，按照开盘价来算，阿里港股市值足足跌掉了 472.16 亿港元。

这场风波让蒋凡原本的"家事"，演变成为一场阿里巴巴内部人员反腐事件。2020 年 4 月 18 日，针对妻子在微博控诉张大奕以及利益输送的问题，蒋凡在阿里内网发帖，就网络传言带来的不好影响向公司和同事道歉，并自请调查："请公司对我展开调查，给大家添麻烦了，对不起！"

阿里巴巴集团首席人力官童文红第一时间在阿里内部论坛回复了蒋凡的帖子，她态度坚决地表示：蒋凡由于个人家庭问题没处理好，而严重影响了公司声誉，要认真反思，也应该向大家道歉，对于相关传言，公司会正式成立工作小组进行调查。

做出这样的决定，其实并不是一件易事。

马云、张勇和蒋凡，很长一段时间都被看成是阿里巴巴的接班顺序。马云正式退休后，张勇接下了阿里巴巴的大权，而年轻有为的蒋凡则被业内人士心照不宣地视为"阿里三代掌门人"。

蒋凡并非土生土长的"阿里人"，他是阿里巴巴从外部引进的一员大将，他此前的职业成长路径可以概括为"创业——把公司卖给阿里——进入阿里"，是不少创业者想走的路子。

2006 年，从复旦大学毕业的蒋凡加入 Google 中国，相继参与了谷歌地图、搜索和内容广告的研发，时任 Google 中国总裁的李开复对他非常赏识。后来，李开复离开 Google，创办了创新工场，还邀请蒋凡共同孵化创建移动 APP 数据分析项目"友盟"，当时的蒋凡只有 24 岁。

2013 年，得到了创新工场和经纬中国两轮投资的蒋凡，觉得友盟所面对的开发者人群过于狭窄，上升空间太小，以 8000 万美金将友盟卖给阿里巴巴。此时，逍遥子张勇向他伸出了橄榄枝，把他留在了阿里巴巴，并一手将他提拔起来。

加盟阿里巴巴之后，蒋凡一直是张勇最为依仗的得力干将，技术出身的蒋凡很好地弥补了张勇的不足，从手机淘宝的功能研发、淘宝内容的构建、打通与用户的交互，都离不开他的汗马功劳。

蒋凡在阿里巴巴的晋升之路可谓顺风顺水。他最初加入阿里巴巴时担任的职务是淘宝资深总监，后来在阿里宣布成立"五新战略执行委员会"时，蒋凡已经成为委员会成员之一。2017 年 12 月底，蒋凡被任命为淘宝总裁，成为阿里权力中心最年轻的高管，那时他刚刚加入阿里巴巴4年时间。在他之前，淘宝的总裁是4位颇有根基的老阿里：孙彤宇（淘宝第一任总裁，2008年离开阿里）、陆兆禧（阿里集团第二任CEO）、姜鹏、张建锋（曾是淘宝、天猫和聚划算三位一体的总裁）。2019年3月，蒋凡接连兼任天猫总裁、天猫法定代表人及董事长兼总经理职务。2019年6月，蒋凡成为最新38位阿里巴巴合伙人中最年轻一员。目前，蒋凡是淘宝、天猫、阿里妈妈事业群总裁，天猫法定代表人以及董事长兼总经理。在外界看来，他是被阿里巴巴当成CEO接班人来培养的，尤其是张勇，一直对他寄予厚望。

但在童文红眼中，即便是马云，也不能挑战阿里巴巴的价值观底线。更严重的是，这场风波所涉及的另一方张大奕是网红电商如涵控股的创始人。如涵控股成立于2012年，前身为淘品牌"莉贝琳"，2014年孵化出张大奕，并由此开创"网红营销"新商业模式，张大奕也通过名为"喜马拉雅投资"的公司，持有如涵控股12.97%的股份。2014年至2016年，如涵控股先后拿到多轮融资，其中2016年获得阿里巴巴3亿C轮，阿里巴巴、如涵控股和网红电商开始连接在一起。时至今日，阿里巴巴与如涵控股之间已经有了千丝万缕的关系。正因为如此，很多人的心中都打了一个问号：这场风波是否不是一件简单的绯闻事件？蒋凡身为淘宝总裁，与绯闻女主张大奕是否存在利益输送关系？

而这，是阿里巴巴坚决不能容忍的。正如童文红所说：

无论是谁，都必须遵守公司商业准则，没有任何例外。

阿里巴巴的内部调查迅速启动，而负责此事的，正是一向以霹雳手段行事的蒋芳。在她的领导下，阿里巴巴集团廉正部成立了特别调查组，就阿里集团对如涵电商的投资，以及张大奕所有淘宝、天猫店铺的入驻、活动、引流、交易等做了全面而又彻底的内、外部调查，严查蒋凡治下的淘宝、天猫是否与如涵控股存在利益输送。

2020年4月28日，调查结果终于出炉：

在公司重要的岗位上，蒋凡并没有廉政问题，但因个人家庭问题处理不当，引发严重舆论危机，给公司声誉造成重大影响。具体处罚如下：

1. 经合伙人委员会批准，取消阿里合伙人身份；

2. 记过处分；

3. 个人职级从集团高级副总裁（M7）降至集团副总裁（M6）；

4. 取消上一年的所有奖励。

这一调查结果，是由阿里巴巴集团管理层根据蒋芳的调查共同做出的，阿里合伙人委员会也对此进行了专项审议，足可见阿里巴巴对此事的重视。

这四项处罚，意味着蒋凡不得不离开阿里巴巴合伙人的队伍，不能再参与公司高层对公司整体事务的核心决策，也不能就公司重大决策投票。

蒋凡事件，是对阿里巴巴这家以组织制度和价值观而闻名的公司的又一次挑战。而童文红和蒋芳以铁面无私和霹雳手段，再一次捍卫了阿里巴巴的价值观。

第六章

拥抱变化：做时代的造风者

拥抱变化，是阿里巴巴的一种企业文化。正如阿里巴巴集团 CEO 张勇所说："不断升级自我，时刻具备拥抱变化的热情和能力，必须成为核心竞争力。"阿里女将们是这一文化的践行者，于企业，她们不断创新，拓荒新领域，开辟新的国际化之路，创建信用体系；于个人，她们在热爱的时候全情投入，当进入倦怠期的时候，又主动走出舒适区……

第一节 你不颠覆，就会被别人颠覆

"几乎所有金融创新领域的拓荒者"是马云对彭蕾的评价，他曾说，彭蕾实现了十多年前初建支付宝时自己都不敢相信的梦想。

余额宝的诞生，就是彭蕾最具代表性的创新。

2013 年，在杭州支付宝大楼里一个叫"春秋书院"的闭关室里，一群紧张而兴奋的年轻人正在废寝忘食地工作着。他们所承担的，是一个只有代号但没有名字的保密项目——"2 号项目"，这个项目的旺旺交流群的签名上写着"2013 支付宝秘密武器"，其重要性可见一斑。

这个"2 号项目"，在几个月后成了令传统金融行业为之震惊的搅局者，它的名字叫作余额宝。

"骆驼大会"后，支付宝通过推出快捷支付、生活缴费等功能，大大提升了用户活跃度与支付成功率，用户数量也以前所未有的速度飙升。但是，尽管用户数量暴增，支付宝的账户总额却一直处于停滞状态，几乎没有用户愿意向支付宝充值。在阿里巴巴内部，开始出现了一些质疑的声音，"没有钱，账户就不是账户，而是账号，这跟淘宝账号没有任何区别"。[1]

其实，彭蕾明白，解决这个问题并不难，只要让用户放在支付宝

---

[1] 由曦：《蚂蚁金服：科技金融独角兽的崛起》[M]，北京：中信出版社，2017 年。

里的钱能够产生利息就可以。不过，这恰恰是支付宝一直备受争议的地方。很多用户心中有这样的疑问："为什么钱放在支付宝没有利息呢？"支付宝却是有苦说不出。

一方面，当时监管部门并不允许第三方支付机构给用户的账户余额支付利息，他们认为，一旦这样做了，第三方支付机构就摇身一变成了银行。

另一方面，支付宝也在寻求降低自身备付金规模的方式，央行正着手按支付机构的备付金银行账户利息的 10% 计提风险准备金。出于对自身资金的考虑，支付宝并不希望用户虚拟账户的余额太高，因为这样会导致支付宝的备付金提高。

不过，虽然牵涉各个方面，问题十分棘手，彭蕾却一直在想方设法寻求解决之道。阿里有句"土话"叫作"中心思想不滑坡，方法总比困难多"，这句话在彭蕾身上得到了淋漓尽致的体现。

经过无数次讨论与研究之后，彭蕾和支付宝团队终于想出了一个恰当的解决方案，即做波动小、收益更稳定的货币基金理财。彭蕾辗转联系了多家基金公司，最终与规模相对比较小但配合度却更高的天弘基金达成了合作意向。因为支付宝与天弘基金的合作是在 2012 年 12月 22 日确立的，所以这个项目就被命名为"2 号项目"。

2013 年春节之后，"2 号项目"正式进入闭关研发。这是一个从来没有人做过、也没有人知道该如何做的创新业务，但彭蕾相信，支付宝团队一定能完成这个任务，因为阿里人有一种精神，那就是不达目的誓不罢休。

在支付宝团队闭关研发时，彭蕾仍在为支付宝的未来进行布局。

2013 年初，彭蕾带领支付宝高管齐聚浙江莫干山裸心谷酒店，谋划支付宝未来发展战略，探讨的是公司未来的产品和业务形态，如何让支付宝从简单的支付工具转型为互联金融集团。虽然还没有特别明晰的金融业务条线概念，但是大家对支付宝未来的发展方向还是有了共识。2013 年 3 月，支付宝母公司——阿里巴巴集团宣布以支付宝为主体，筹建阿里小微金融服务集团，正式宣告了支付宝的互联网金融服务的发展定位，彭蕾担任小微金服 CEO。即使转了型，彭蕾依然强调"服务"的重要性，要面向普惠金融，服务小而美的金融需求。她说：

> 我们强调的是金融服务集团，注意，是服务，我们和金融控股集团不一样，也和财团不一样。我们立足服务，服务背后是小而美。我们面对的都是"屌丝"用户，想的就是小的事情。[1]

彭蕾擅长以女性直觉做决策。有的时候，她的决策看起来不按常理出牌，但往往因为摆脱了行业的固有思维，从人性的角度出发，反而取得了意想不到的效果。

经过半年的攻坚，2013 年 6 月 13 日，余额宝横空出世！

"金融行业的一小步，互联网行业的一大步。"在余额宝的发布会上，小微金服副总裁樊治铭如是说。

什么是余额宝？通过余额宝，用户可以把支付宝中闲置出来的资金转移到余额宝账户，之后，可以自动进行货币基金的购买，能够帮助用户得到高于银行活期利率的收益。相比传统理财产品，余额宝类产品以"比活期存款利息更高，比基金购买更方便"这一理念迅速风靡起来。这个只需点击一下鼠标，就可以使趴在支付宝中的资金获得收益、投资门槛极低、赎回又极其便利的理财产品，瞬间赢得市场的狂热追捧。

余额宝甫一问世，就成了搅动金融行业的一条"鲇鱼"，这条"鲇鱼"在金融市场产生的动荡可谓惊心动魄。它以惊人的速度野蛮生长，推出仅仅一年，就积累了 8100 万个人用户，基金总规模更是超过了 5000 亿元人民币。它颠覆性的创新，动了传统银行业的"奶酪"，让各家

---

[1] 引自 2014 年《天下网商》的报道《对话彭蕾：阿里正走在创新与安全的金融平衡木上》。

银行先是为之瞠目，继而恨得咬牙切齿；它给不懂理财的老百姓上了一堂理财课，让互联网金融成为一种潮流……

这个时代，如果你不颠覆，就会被别人颠覆。所谓"颠覆"，就是抓住时代机遇，打破固有思维，改变传统的商业认知，让整个行业都为之改变。"颠覆"不是对个人或者行业的毁灭，而是一种创新的途径、一种成长的方式。那些敢于颠覆者，往往拥有改变世界的力量。

这支成长于金融业边缘地带的"互联网奇兵"，轻而易举地就搅动了传统金融行业的一潭死水。在余额宝的引领下，国内三大互联网巨头齐刷刷地杀进了理财市场，百度百发、京东小金库等"宝宝"先后问世；以基金公司为代表的专业理财机构，也开始用互联网思维改造自己，奋力拼杀、争夺客户。

传统银行虽然对余额宝这个搅局者恨之入骨，却也很快就明白过来：长江后浪推前浪，跟不上潮流的人，注定会成为死在沙滩上的"前浪"。于是，他们也不甘示弱地相继推出了自己的类"宝宝"理财产品。甚至非互联网企业、和金融业务无关的电信企业，也争先恐后地做起了互联网金融，想从中分一杯羹。

有人说，余额宝的创新掀起了一场互联网金融的革命。余额宝诞生的 2013 年，其实就是互联网金融元年。

这一年，以余额宝为代表的互联网金融，在潜移默化中使人们的生活方式发生了巨大的改变：用支付宝钱包在超市、菜市场甚至小摊上购买各式各样的商品；打车可以不用带现金，只要在手机上点几下就可以；钱不再存在银行，而是存在了支付宝上，每天看一下有多少收益，成了很多人的一种生活习惯……

这一年，互联网金融遍地开花。各类"宝"、众筹、比特币、P2P 网贷等虽然发展得良莠不齐，却都疯狂地成长，并使余额理财市场快速进入"跑马圈地"时代。

与此同时，余额宝等各种统统以"宝"为名的理财项目的出现，也引发了金融行业的激辩，厌恶它们的人将之称为典型的"金融寄生虫"；但支持创新的人却觉得，余额宝是普惠型的财富管理，正是这些"宝宝"们的诞生，让老百姓们哪怕只有几百块钱都可以理财，推动了金融产品的改革。

而在彭蕾看来，余额宝的最大贡献是将理财推向简单的极致：

> 余额宝让货币基金变得简单、亲民，在我看来，它有一个非常大的价值就是完成了一次对"小白"们的理财教育……金融服务需要回到人的维度，回归到每一个个体中来，思考如何将基于个人所需要的所有金融服务归集到同一个账户中，而不是像以前那样相互割裂。[1]

如今，创造了互联网金融风口的余额宝，已经成长为一只金融"巨无霸"。它的用户数量超过 6 亿，资金规模高达 1.8 万亿元，曾一度跃居世界最大的货币市场基金。

也正是因为余额宝打开了创新的闸门，中国的金融市场也实现了飞跃式发展。2013 年 5 月底，国内货币基金的规模还只有 5640 亿元；到 2019 年年底，货币基金规模已经逼近 15 万亿元。

同样完成华丽转型的，还有彭蕾。这位昔日的"阿里政委"、曾经把"我问一个愚蠢的问题"挂在嘴边的"金融小白"，已经升级为"金融女王"，时常带领着蚂蚁金服做出一些令人意想不到的创新，在金融领域掀起滔天巨浪。

在以男性创业者为主导的金融行业里，她不但没有被淹没，反而推动了它的跨越式发展。作为传统金融行业的颠覆者、变革者，她已成为一颗新星，将整个行业照得更光更亮。

---

[1] 引自 2015 年浙商网的报道《彭蕾自称金融"小白"：余额宝的价值是完成了一次理财教育》。

马云是这样评价余额宝的："在改革开放的进程中，如果有一款产品能发挥推动历史的作用，即便它的生命周期再短暂，也必将非常光荣。"

这是余额宝的光荣，也是彭蕾的无上荣光。

第二节 因为信任，所以简单

孔子曾在《论语·为政》中写道："人而无信，不知其可也。"千百年来，信用一直是中国人的价值观体系中非常重要的组成部分。人与人之间的交往相处，往往需要"信"作为基础，一个人只有讲信用，才能立足社会。

然而，到了如今这个物欲横流的经济社会，很多人却将信用弃如敝屣，往往为了一点儿蝇头小利，就丢失了做人的根本，似乎信用就像是粘在外套上的鸡毛，可以随时丢弃。信用危机的时代已经到来，越来越多的人丧失了一言九鼎、一诺千金的情怀。

目睹这种现象，彭蕾的心头就像压上了一块沉甸甸的大石头。她难以想象，一个人人无信的社会将是何等糟糕！为了改变这种现状，彭蕾在执掌蚂蚁金服的八年里做了无数次开拓性的探索。从最初通过支付宝进行担保交易，到后来的芝麻信用，都为完善中国的个人信用体系做出了巨大的贡献。

"因为信任，所以简单。"正是因为有了支付宝——一个简单的担保交易模式的创新，互联网上人与人之间最基本的信用问题才得以解决，通过网络直接与陌生人交易的购买方式才能被越来越多的人所接受，淘宝这一新兴事物才能极速成长起来。正如彭蕾所说："如果没有信用体系，就没有今天的电子商务。"通过信用体系的建立，中国的网络消费在全世界达到了第一。无怪乎彭蕾自信地说道：

阿里巴巴、淘宝的实践证明，信任体系的建立对于今天电商的规模起到了非常关键的作用。

创新的闸门一旦打开，人的潜能就会如泉水般涌出。2014年，彭蕾和她的团队又开始着手筹建芝麻信用。

之所以取名"芝麻"，是因为芝麻虽小，但营养丰富，多吃对身体好。以"芝麻"命名，是希望传达"信用是点滴珍贵，重在积累"的理念。更重要的是，希望通过芝麻信用"引导全民信用意识的提升，助力社会诚信体系的建设"。这与蚂蚁金服的价值观一脉相承，并成功吸引到了时任招商银行零售网络银行部总经理的胡滔。

很多人一听到胡滔的名字，会以为这是一个男人，其实，胡滔也是阿里巴巴一位非常重要的女将。一头短发的胡滔说起话来，就像一位仗剑走江湖的女侠。她的手中的确也有一把"剑"，它就是芝麻信用体系。

胡滔是2015年1月4日加入蚂蚁金服的，她出任的是芝麻信用管理有限公司总经理。巧合的是，就在她加盟的第二天，中国人民银行发布了《关于做好个人征信业务准备工作的通知》，要求芝麻信用、腾讯征信等八家机构做好个人征信业务准备工作，准备期6个月。1月8日，芝麻信用便在浙江登记成立。1月28日，芝麻信用率先在国内开始公测，推出中国首个个人信用评分——芝麻分。虽然这次公测只是针对少部分用户，却引起了不小的轰动，很多用户纷纷在朋友圈"晒分"。

彭蕾对芝麻信用寄予了极大期待，并给了充足的发展空间。胡滔曾回忆道，在芝麻信用刚成立的时候，彭蕾就对她说：

对芝麻，我们没有盈利的期待，就是希望你能把信用城市这个事情做成，能让中国老百姓有"信"可"用"，也就是说，让大家能积累自己的信用，且能因为信用好，而享受更好的城市生活。

得到了彭蕾的充分支持，胡滔顿时信心十足，她卸下了心中的所有负担，轻装上阵，一往无前。然而，芝麻信用的发展并非一帆风顺，也经历了颇多波折。

胡滔首先遇到的一个难题，是信用的应用范围如何界定。因为无例可循，芝麻团队对信用的范围理解得十分宽泛。最开始，有人甚至提出，如果用户在淘宝购物时总不去主动确认收货，是否会影响芝麻分？后来这一提议被否了，因为按照淘宝的规则，即便自己不主动确认收货，系统最终也会自动默认收货并划账，所以，这一条没有纳入信用标准。

对于芝麻分的实际应用场景，胡滔团队也只能在摸索中不断开拓，像现在的免押金租车、免押金住酒店、凭芝麻分申请急速贷款等等，都是胡滔和她的团队一点一滴消除人们对"信用"的轻视而争取过来的。

举个简单的例子，芝麻信用成立之初，团队计划和城市的公共自行车合作，让用户可以直接扫二维码把车骑走，而非传统的办一张卡、存200元押金才能骑车。就是这样一个很小的应用场景，胡滔团队耗费了近一年的时间，跑遍了所有的城市公共自行车供应商，仍然一无所获。没有一家供应商愿意与他们合作，所有人心头都有一个共同的困惑：没有押金，要是有人骑车不还，怎么办？这个损失谁来承担？

在芝麻信用成长的过程中，这样的不解与困惑数不胜数。在人们眼中，"信用"是一个很虚的东西，一个虚无缥缈的信用体系，难道就能证明一个人是否值得信任吗？其实，不只是普通百姓无法理解，就连政府机构、商业团体等，乃至芝麻团队中的一些成员，也在心中给芝麻信用打了一个问号。

但胡滔没有轻言放弃，有一千家供应商拒绝了她，她就坚持找第一千零一家，她相信，终有一天，她们会打破坚冰。天道酬勤，经过一番艰苦的努力，芝麻团队终于找到了第一个愿意吃螃蟹的人——神州租车。

2015年1月30日，神州租车和芝麻信用正式推出免预授权的租车服务，芝麻分600以上的用户，无须缴纳押金或刷预授权，就可以在神州租车的全国直营门店内预定原押金5000元及以下的短租车，整个办理流程仅需三分钟。

不过，任何一种创新都不是一蹴而就的，在探索新模式的过程中，难题总是层出不穷。合作刚开始不久，胡滔就遇到了新的挑战：不到两个月的时间里，免押金租车的坏账率比不免押金的要高很多，即便后来将用户用车的门槛提到了650分芝麻分，问题仍然存在。胡滔知道，如果这个问题得不到妥善解决，"免押金"模式很可能难以为继。

就在与神州租车的合作项目陷入僵局之际，芝麻信用前期的努力付出又得到了回报：最高人民法院同意将"老赖"名单共享给芝麻信用，由芝麻信用通过支付宝向这些"老赖"推送消息，督促其履行法律义务，而且，他们的芝麻分会被扣，很多消费行为都会受到限制。

起初，很多人都不相信这种方式会对"老赖"们产生作用，但结果却令他们大跌眼镜：短短两个月的时间里，有15000多个"老赖"还钱了。这么高的还款率让最高人民法院震惊不已，在这之前，他们对这些"老赖"们采取了各种各样的措施，却收效甚微。

但彭蕾对这个结果并不意外，她感慨地说："很多的'老赖'会主动还钱。而在很久以前是找也找不到他的，但是现在他在网上一旦被披露，很多服务都不能享受到的时候，而且在生活当中可能很难找到他，但是在网上可以有很多方法找到他的时候，他会更紧张自己的信用，他会有一个主动还钱的动作。"[1]

看到芝麻信用对"老赖"们竟然有这么大的威慑力，胡滔决定对神州租车启动"租车黑名单"共享机制，将客户的违约记录共享给银行。这样一来，免押金租车的坏账率大幅下降。此后，芝麻信用不断改进信用评估机制，使得神州租车的坏账率一直保持着很低的水平，由此吸引了一嗨租车等一大批行业领军企业。

---

[1] 引自2017年腾讯网的报道《蚂蚁金服彭蕾：支付宝实际上是"信任宝"科技让信用体系增强》。

在租车行业的成功，激励着胡滔等人将"免押金"模式进行到底。从那之后，人们凭信用坐公交可以先乘车后付款，住酒店可以凭信用免押金入住，骑共享单车也可以凭信用免押金……通过"免押金"的方式，芝麻信用对整个行业的发展产生了颠覆性作用，重构了人与人之间的信任。芝麻信用的实践，让大家知道了原来软性的信用约束可以比硬性的押金约束更有效、更有人情味儿。一时间，文明守信成为一种风尚，失信者则再无立足之地。

在胡滔的规划中，未来，芝麻信用将会应用到社会经济生活的各个方面。"凡是跟信用有关的，要交押金、预授权的领域，我们都要去谈。"胡滔说，"10年后，所有城市都将成为信用城市。"

芝麻信用的蓬勃发展，实现了彭蕾"让信用变成财富"的梦想：

> 芝麻信用体系是蚂蚁的心之所在。今天在中国这样一个社会，信用体系对于所有的普通人，对于所有社会的基础建设，它可以让我们更加平等地享受到更美好的服务，让我们更加平等地去享受到、获得更美好的生活，这就是芝麻信用的意义，它可以让我们每个人更有尊严，它可以让这个社会的坏人没有地方可去，让好人畅通无阻。我们要带着我们的心，让芝麻信用成为每个人的人生当中最最重要的财富。[1]

据《资治通鉴》记载，在历史上著名的"贞观之治"时期，曾"海内升平，路不拾遗，外户不闭，商旅野宿焉"。彭蕾也希望通过信用体系的创建和日趋完善，中国社会可以再次回到路不拾遗、夜不闭户的美好时代。

也正因为有了这样的美好向往，蚂蚁金服乃至阿里巴巴集团才会

---

[1] 引自2016年10月彭蕾在蚂蚁金服成立两周年的年会上的演讲。

将创新融入血液之中，把创新当成最重要的事，正如彭蕾所说：

> 有人问我，今天蚂蚁是一家互联网公司还是一家金融公司？我想说的是，检验这个问题的唯一标准答案是：我们究竟可以以什么方式为我们的用户创造价值，用什么东西、用什么工具去为大家做好服务，去让这个社会变得更美好，这是检验这个问题唯一的标准答案，所以我们是什么公司不重要。但是唯有一条，创新是我们的灵魂，是我们血液里最最重要的DNA。我们该何去何从，我们今天一定要看到最本质的地方，我们要创造价值，我们要守住底线。在这个基础之上，我们要大胆地、勇敢地、坚定不移地继续创新，要去面对未来，面对我们的客户，面对这个世界的变化，去勇敢创新。

第三节 剑走偏锋，不变的是创新

几乎每个中国企业领袖的心中，都有一个国际化梦想。因为只有突破区域的限制，才能赢得更大的市场、获得更好的资源、追逐更高的利润。改革开放四十余年，有很多中国企业通过不懈的努力"走出去"了，它们大多通过两种方式：一是"造船出海"，比如海尔、华为等老牌企业，打造了自己的国际化队伍和载体，在国外市场上打出了知名度，赢得了立足之地，甚至成为世界市场上的佼佼者；二是"买船出海"，通过收购、并购等多种方式，将先进的体系、技术买回来，为己所用，联想就是一个典型代表。

然而，彭蕾却不循常规，剑走偏锋，在她执掌蚂蚁金服的八年里，她带领着这家科技金融独角兽走出了一条与众不同的海外扩张之路——"出海造船"。

在移动支付领域，蚂蚁金服旗下的支付宝不但产业规模世界第一、应用模式全球领先，在技术上也很难有能与之媲美的竞争对手。彭蕾以一种开放、共享的精神，将蚂蚁金服多年积累的技术、能力与经验开放输出，为海外企业所用，将"走出去"和"本土化"结合起来，打造了一种全新的全球化模式。

蚂蚁金服"出海"的第一站是印度。2015 年 2 月和 9 月，蚂蚁金服先后两次对印度市场份额最大的在线支付平台 Paytm 进行战略性投资，投资额达 9 亿美元，持股比例超过 40%。这之后，蚂蚁金服又进行了多次注资，并且派出了专门的技术团队到印度，向 Paytm 技术团队提供帮助，将运营经验、知识、产品和技术毫无保留地输出给他们。在蚂蚁金服团队的协助下，Paytm 的产品得到了进一步完善，在原有的支付服务基础上新增餐饮、打车等一系列生活服务场景，向全功能钱包的定位迈进。到现在，在蚂蚁金服的培养下，Paytm 工程师已经具备了修改和实现本地定制化的能力。

蚂蚁金服从技术能力到业务经验的全面输出，使 Paytm 的用户数量在很短的时间里就超过 2 亿，一跃成为全球移动支付领域第三大移动支付服务平台，仅次于微信和支付宝。

蚂蚁金服在印度市场的试水，可谓大获全胜。在拿下这个国际化布局的关键一站后，蚂蚁金服又与泰国的 Ascend Money、菲律宾的 Mynt、印度尼西亚的 Emtek 都展开了类似的深度合作。每一次合作，蚂蚁金服都会站在合作伙伴的角度，寻求服务当地用户的最佳模式，并致力于在一段时间的共同开发阶段后，让合作伙伴具备独立开发能力。

在这种技术输出模式被证明可行之后，很多国外企业、政府开始关注蚂蚁金服，甚至主动邀请蚂蚁金服前往当地一起"造船"。2015 年 11 月，在韩国多家机构的邀请下，蚂蚁金服以技术入股的方式参与韩国第一家互联网银行 K-Bank 的筹建，并最终获得了韩国政府的批准。这是韩国政府时隔 23 年之后第一次发放银行牌照。

从这个意义上来说，蚂蚁金服这一独特的国际化模式，与中国高铁的技术输出有异曲同工之妙，它不但在国内产生了广泛的影响力，还具有了广泛的世界影响力，进一步提升了我国科技产业在国际上的影响力，成了一张新的"中国名片"。

在东南亚市场连连告捷的同时，蚂蚁金服还把触角伸向了北美市场。只不过，扬帆出海并非总是一帆风顺，惊涛骇浪总有时。这一次，彭蕾吃了一个闭门羹。

2017 年 1 月，蚂蚁金服决定并购美国跨境支付公司速汇金（Money Gram），并保证其公司将继续拥有自主的品牌，作为独立的公司运作。

速汇金在全球 200 多个国家与地区拥有 35 万个网点，其快速汇款业务能让资金直达全球 24 亿个账户，沃尔玛、英国邮政、加拿大邮政及 ACE Cash Express 都是其重要合作伙伴——对于资金雄厚的蚂蚁金服来说，直接收购自带"嫁妆"的当地支付机构巨头，当然是打进美国市场最方便快捷的办法。如果这次并购成功，速汇金已经成型的支付网络和庞大的合作资源都可以直接整合到蚂蚁金服手中，速汇金的用户将会变成蚂蚁金服的用户，速汇金的大合作伙伴也会变成蚂蚁金服的大合作伙伴。而且，蚂蚁金服还可以从速汇金的跨境支付交易中提取数据，来加速自己的海外扩张。为了成功拿下这家公司，蚂蚁金服还把筹码从 8.8 亿美元提高到 12 亿美元。

不过，虽然蚂蚁金服一再向美国外国投资委员会（CFIUS）做出承诺，速汇金的数据基础设施将会继续留在美国本土，个人信息都将加密，并保存在美国本土的安全设施内，然而，美国政府仍然认为，这一并购会对美国的本国数据安全造成严重威胁。因为无法获得美国外国投资委员会的批准，这桩交易于 2018 年 1 月宣告破产。

一时的失利并没有使彭蕾气馁，她迅速将火力转向欧洲市场。在并购案被美国外国投资委员会否决半年后，蚂蚁金服就在欧洲市场上启动了新收购对象的遴选。2019 年 2 月，蚂蚁金服正式收购英国跨境支付公司万里汇（World First）。与速汇金一样，万里汇的主营业务也是跨境支付，并且是速汇金最大的竞争对手。蚂蚁金服收购万里汇，不但能与万里汇已有的客户、合作伙伴网络进行整合，还能扩大自己的金融技术所能触及的地理区域。对蚂蚁金服来说，当年的失利得到了完美地弥补，正如媒体评论所言："美国锁死的门被英国打开了。"[1] 这次收购完成之后，蚂蚁金服在欧洲市场上有了立足之地，真正地冲

---

[1] 引自 2019 年 2 月新浪财经的报道《蚂蚁金服收购万里汇：美国锁死的门被英国打开》。

出了亚洲，朝着世界迈出了至关重要的一步。

蚂蚁金服的世界版图仍在不断扩大，如今，在欧美、日韩、东南亚、中国港澳台等多个国家和地区，都有蚂蚁金服的身影。蚂蚁金服以战略合作、资本合作等形式，与当地领先企业开展合作，为其赋能，共同为当地用户和商户提供金融服务，促进普惠金融在全球开花结果。

对蚂蚁金服交出的这份亮眼的成绩单，彭蕾深感骄傲，她曾说：

> 蚂蚁金服这些年的实践，尤其是最近三年国际化的实践，令我们非常兴奋，也给我们拉开了数字经济时代新的历史时期的大幕。……过去这几年，蚂蚁金服已经沿着"一带一路"，从中国走向全球，我们与印度、泰国、菲律宾、马来西亚、印度尼西亚等"一带一路"的国家都建立了合作，与当地的合作伙伴一起拥抱今天中国的科技金融的技术。刚刚过去的"双十二"购物狂欢节，不但有支付宝、口碑等国内O2O企业的参与，就连我们在海外的合作伙伴，也在泰国、菲律宾、印度等地纷纷掀起了线下"双十二"无现金购物的生活浪潮，这让我们看到科技金融在下一个历史时期的一种力量。[1]

但彭蕾也并未因此而自满，她深知，国际市场的复杂性以及各国政策的不确定性，使得蚂蚁金服未来的国际化之路仍须面对巨大考验。在她看来，蚂蚁金服的出海之旅，只是到了"入海口"：

> 我们的国际事业部，今天一切刚刚开始，还只是到了入海口，远远没有浮现在海面上。今天我们尽管已经跟着合作伙伴走到了全球那么多的地方，但我也希望我们继续探索，服务好当地消费者、

---

[1] 引自2017年彭蕾在首届钱塘江论坛上的演讲。

当地创业者和小型企业。[1]

彭蕾为蚂蚁金服设定的最终目标，是将支付宝模式复制到更多的国家，让其搭上移动互联网时代的"中国便车"，让越来越多的人都能享受到方便、平等的金融服务。

---

[1] 引自 2016 年 10 月彭蕾在蚂蚁金服成立两周年庆典上的演讲。

第四节 永远面向未来寻找机会

2019 年 4 月，在清华大学 2019 全球经济管理学院院长论坛上，阿里巴巴 CEO 张勇分享了对创新、创造的思考，鼓励年轻人做时代的"造风者"，不去追赶风口，而是创造风口，永远面向未来寻找机会。

彭蕾正是这样的一个"造风者"。

从蚂蚁金服功成身退后，彭蕾并未像马云一样"江湖再见"，而是很快就接受了新的任命——Lazada（来赞达）的 CEO 兼董事长。

马云在宣布这个任命时曾如是说：彭蕾是去为阿里巴巴的未来开疆拓土。

事实的确如此，开拓东南亚市场，对阿里巴巴的未来有着非凡的意义。

东南亚市场是业界公认的电商蓝海之一，这片充满未知和想象的土地，以其巨大的人口红利和稳步增长的 GDP 吸引着诸多互联网巨头的目光。

整个东南亚，人口数量是中国的二分之一，GDP 是中国的四分之一，人均消费水平是中国的二分之一，年均经济增长率超过 6.5%。显而易见，东南亚市场存在巨大的、可以预见的成长空间。不仅如此，统计数据显示，在东南亚地区的 6 亿人口中，有 4.2 亿人口是 40 岁以下的年轻人。在全球面临老龄化这一严重趋势下，东南亚地区的适龄劳动人口一直到 2020 年都保持着持续增长的态势，人口红利的优势有利于东南亚形成更大规模的消费市场。而且，东南亚的中产阶级群体也在不断扩大，为消费力的增长提供了强有力的基础。据波士顿集团预测，2020 年印尼中产阶层将达到 1.41 亿人，会带来巨大的消费潜力。

与此同时，东南亚地区的移动互联网等基础设施也在快速建设中，并且已初步形成规模。移动互联网技术的不断普及，使得东南亚已经成为目前全球互联网用户增长最快的市场。以泰国为例，移动互联网的用户数量已经超过 66%，智能手机普及率超过 60%。谷歌与淡马锡联合发布的一份报告显示："东南亚的互联网用户非常活跃，每天在移动终端上平均花费 3.6 个小时，比世界上任何其他地区的用户都要多。这一令人难以置信的参与度，为该地区的互联网企业带来巨大的市场机遇。"

不过，东南亚地区有越南、泰国、马来西亚、新加坡、印度尼西亚等 11 个国家，无论是用户群体、物流建设、法律法规，各个国家之间都有很大的差异，这使得东南亚市场不能被当成一个整体来看待，这给互联网巨头的电商渗透带来了巨大的难度。

尽管如此，东南亚仍以其种种优势，被誉为"大航海时代的投资新大陆"，成为各大互联网公司的"兵家必争之地"，阿里巴巴的老对手腾讯、京东、亚马逊纷纷在东南亚市场布局。腾讯在先后注资医疗信息平台、在线旅游、社交后，对印尼类淘宝模式的 Shopee 公司也给予了大量投资，其近两年发展势头强劲。Shopee 甚至宣称，包括中国台湾在内，GMV 方面的市场占有率为 10.6%，超过 Lazada 的 7.5%。京东也虎视眈眈准备入局，并拟向印尼最大电商平台 Tokopedia 投资数亿美元，被阿里截和后，京东仍未放弃对这一市场的觊觎，正在寻找新目标。

是否能把握住东南亚市场这个潜力巨大的增长点，对阿里巴巴的未来发展有着至关重要的意义。如果能够顺利打入东南亚市场，在阿里巴巴的版图中，中国、东南亚这两个最有发展潜力的市场将形成相互映照、各放光彩的格局，阿里巴巴的发展必将更上一个台阶。

为了拿下东南亚市场，阿里巴巴早在几年前就进行了精心布局，将 Lazada 收至麾下正是阿里巴巴进军东南亚市场的一步大棋。

Lazada 成立于 2012 年，是东南亚地区最大的电商平台，覆盖马来西亚、新加坡、泰国、菲律宾、印度尼西亚、越南六国 5.6 亿人口，目前已经拥有 40 多万卖家、数千个品牌商和 100 多个物流合作伙伴。2016 年 4 月 12 日，阿里巴巴投资 10 亿美元拿下 Lazada 51% 的股份，实现控股 Lazada。这是当时阿里巴巴规模最大的一笔海外投资，有人说这是阿里巴巴走向国际化迈得最大的一步。2017 年，阿里巴巴又追加投资 10 亿美元，增持股权至 83%。2017 年 9 月，在加注 Lazada 的投资后，阿里巴巴管理层又启动 Voyager（意为"航海"）项目，对 Lazada 作全系统改造，来自淘宝、天猫、技术、物流、产品等部门的阿里巴巴核心人才也被大量外派东南亚六国，和 Lazada 的人才团队一起探索新模式、新机会。[1]

不过，Lazada 团队和业务根基并不稳固，订单量、退货率和账期流程仍需改进。有当地中国同行认为，"Lazada 管理层缺乏经验、不接地气，跟阿里文化融合得不好"。

因此，Lazada 公司迫切需要这样一个掌门人：既深谙业务从 0 到 1 的过程，又能搭建好人才队伍，让阿里文化在国外扎根，还能借力中国资源，对支付、物流等一系列电商业务了如指掌。

在马云看来，彭蕾是最佳人选，因为她是一个开拓者，她开疆拓土的劲头、卓越的执行力、对用户需求的洞察和她在蚂蚁金服的八年管理经验，都使她成为开拓东南亚市场的不二人选。

其实，早在 2018 年 3 月，在卸任蚂蚁金服董事长之前，马云就任命彭蕾为 Lazada 的 CEO，同时，向 Lazada 追加 20 亿美元投资。当时，彭蕾曾经表示：

---

[1] 数据引自 2018 年 3 月环球网的报道《阿里旗下 Lazada：不只复制淘宝天猫那么简单》。

东南亚地区崛起的青年群体、移动互联网的高渗透率，以及仅占零售总额 3% 的电子商务体量，让我们对加码投资东南亚市场充满了信心。Lazada 有能力把握住东南亚互联网商务下一阶段的发展机遇，我们对于飞速增长所带来的巨大商机感到非常兴奋。[1]

卸任蚂蚁金服董事长后，彭蕾更是全身心地投入到带领 Lazada 的发展中。走马上任后，她马上带领 Lazada 的技术团队对平台继续进行整合，并推出了一系列新功能。

2018 年 8 月中旬，Lazada 宣布联合 200 多家中国商家上线匹配人货场的精选商品库 Global Collection，实现 72 小时直达的跨境物流服务，正式开启海外带货的"光速时代"。

2018 年 9 月 9 日，Lazada 推出疯狂砍价功能"Slash It"，消费者可以通过将产品链接分享到社交媒体或者聊天应用当中，邀请亲朋好友帮自己砍价，从而享受到更低的折扣。为了推广这一功能，Lazada 还进行了为期一周的娱乐购物体验，让人们购买商品时可以享受到"疯狂折扣"。

2018 年 9 月，Lazada 还推出了一项叫作"Shake It"的功能，在一天当中的特定时间点，人们可以摇晃手机来获得 Lazada 网站上的现金券或者折扣码。

2018 年 11 月，Lazada 又上线了智能客服机器人，可以支持英语、泰语、印尼语、越南语等四种语言与东南亚 6 亿消费者进行线上交流。

除此之外，Lazada 还与阿里巴巴旗下的菜鸟物流实现了彼此物流网络打通，让中国商家能够利用菜鸟物流伙伴先将货物由中国运送至东南亚，再由 Lazada 无缝接管"最后一里"的配送。

利用阿里巴巴的技术和生态，彭蕾不断对 Lazada 进行改造、赋能。

---

[1] 引自 2018 年 12 月新浪专栏《创事记》的报道《攻心者彭蕾》。

在她的领导下，Lazada 只用了很短的时间就完成了华丽转身：从一个货架式的销售平台，转变成为东南亚地区唯一的集"看、买、玩"于一体的购物娱乐平台，受到了越来越多消费者的青睐与喜爱。

彭蕾对 Lazada 的精心布局收到了丰硕的回报：在 2018 天猫"双十一"中，Lazada 共计有 40 万商家参与，单日 2000 万消费者参与抢购。这场起始于 11 月 11 日的购物狂欢节一直延续到了 12 月，在这个过程中，Lazada 一直保持着不断刷新在线销售纪录的趋势，吸引了高达 13 亿人次的用户访问量。不仅如此，印度尼西亚、马来西亚、菲律宾、新加坡、泰国和越南六国在"双十二"当天的销售额表现也远远超过了预期，超出了他们日常销售量的 30 倍。

在群雄逐鹿的新战场，肩负着阿里人期待的彭蕾正在"造风"，为了在东南亚开创一个新的电商时代，她勇往直前，无所畏惧。

第五节　小创新才能成就大变革

阿里巴巴之所以能连续二十多年持续不断地创新，是因为它的创新基因是由每一位员工传承的。

田瑜是 2009 年加入阿里巴巴的，她本科和硕士学的都是数学专业，是一位不折不扣的女学霸。遵循阿里巴巴的传统，田瑜给自己取了个花名——瑶一。

在阿里巴巴，大家的花名大多是出自武侠小说，不过，田瑜却是个例外。"武侠小说本来也没多少部，正面人物的姓名早就不够用。"所以，田瑜别出心裁地自己造了一个，"瑶一不是出自武侠小说，选择这个花名是因为它没有搜索记录，故事由我创造"。

这是一个非常有个性的姑娘。

阿里巴巴内部有一个轮岗制度，因此，几年里，田瑜换了好几个部门和岗位，做过阿里巴巴资深商业分析师，也做过淘宝新业务的运营专家，还先后在淘宝二手平台闲鱼、新农业、阿里云大数据运营等部门工作过一段时间。

这些岗位有一个共同的特点：都属于阿里巴巴的新业务部门。"我比较幸运，一直都在关注'新鲜事'。"田瑜说。现在非常火的共享经济概念，其实田瑜在做淘宝二手和创建闲鱼的时候就在讨论。

田瑜非常感激阿里巴巴的一点，就是阿里巴巴能充分满足员工的施展空间和创新冲动。在阿里巴巴，员工只要有好的想法和创意就可以提交到阿里巴巴的项目委员会，审批通过之后，可以放手去做，集团会为其配备人手、资金，甚至还有期权，阿里巴巴很多好的项目都是通过这样的机制成立的。

正因为如此，阿里巴巴的员工才能脑洞大开，想出各种各样令人匪夷所思的创意。

近年来，现象级的"国潮"背后的推动者，就是阿里巴巴女将锦雀带领的一群90后团队。

锦雀是天猫"国潮来了"团队的负责人。她每天的工作就是放飞自己的思想，琢磨如何用惊世点子让老国货潮起来，打破"次元壁"，混搭出新的时尚效应，直接触及年轻消费者的神经。

锦雀的第一次尝试是将六神花露水和鸡尾酒结合，做出一款可以喝的"六神花露水"。锦雀刚刚提出这个创意的时候，鸡尾酒品牌RIO大呼"暗黑"。但锦雀却利用天猫的大数据，说服RIO这将会是一次投入产出比极高的尝试。

事实的确如此，2018年6月，六神味RIO鸡尾酒上线一天内就吸引了近万名消费者加购、收藏，6月6日零点一开卖，17秒内限量供应的5000瓶瞬间秒光，连RIO的董事长想要都没有了。产品的空瓶甚至在淘宝被炒到了368元的高价。在接下来的三个月，这款创新型的产品也为"六神""RIO"两大国货品牌带来更多目标消费者的沉淀和兴趣用户的转化。这个案例成了营销界的典范。

试水成功后，锦雀和她的团队又陆续推出了英雄墨水鸡尾酒、大白兔香水、眼影键盘、生煎面膜、火锅味牙膏等产品，还让老干妈登陆纽约时尚圈。

2018年9月的纽约春夏时装周上，天猫联手美国潮牌Opening Ceremony打造出"国潮快闪店"，老干妈、云南白药、双妹等传统品牌跨界合作单品在场外赚足眼球。

当模特们穿着胸前印着"老干妈"陶华碧的头像、胳膊上写着"国民女神"字样的新潮卫衣走上T台时，全场一片轰动，谁也没想到，看起来与时尚毫无关系的"老干妈"竟然会以这样一种形式出现在大家面前。

"老干妈"同款卫衣受到了无数年轻人的热烈追捧，很快便刷爆社交网络。消费者似乎很容易接受这种打破常规的操作，这与锦雀一直以来的认知不谋而合。

不过，说服"老干妈"品牌跳出舒适圈、进行创新尝试却不是一件容易的事。

"你能想象老干妈不知道天猫是什么，不知道天猫属于阿里巴巴吗？"每次讲起与老干妈的合作，锦雀的状态就会恢复当初的震惊。老干妈的组织架构非常简单，一个厂下设几个销售，最上面就是"老干妈"，没有品牌部门；没有市场部门；不赊账，不接受转账，卡车拉着现金来，又提着现货走；选择在天猫开店还是"迫于地方政府的压力"。

考虑到品牌的特殊性与巨大的话题性，带着两年的战略合作计划和黑白设计草图，锦雀和团队伙伴们一起，亲自飞到贵阳去协商洽谈。锦雀曾经开玩笑地说，当时对其他品牌的态度是"大体框架已定，你们自己设计，提交上来后，不行也就不行了"，但对"老干妈"的态度却十分毕恭毕敬，"我们设计完给你们过目，你们觉得这样 OK 吗？"

"老干妈"陶华碧被锦雀的诚意打动了，同意她进行这次全新的尝试。

最终的结果喜人，除了社交网站上的刷屏式传播外，老干妈的天猫店铺销量也得到爆发式增长。标价 1288 的 99 瓶老干妈加卫衣套餐一经上线迅速售空，店铺营业额增长了 240%。山东的一位女士为了获得限量卫衣，一口气购买了 600 瓶老干妈。老干妈成为纽约时装周上国产品牌中的最大赢家。

在锦雀看来，这就是创新的魅力。而这次创新更大的价值在于，对更多没有登上纽约时装周的品牌来说，"老干妈"的尝试给他们打开了一条转型新思路。旺旺食品、凤凰自行车、宝洁家化……那些家喻户晓的品牌 logo 都成了锦雀的目标。

　　锦雀苦恼的是，她一个人的力量是有限的，不可能帮助所有的国产品牌走上创新之路。"现在大家对国潮的理解还是比较狭义，第一是有中国元素，第二是中国的潮牌。但是我们希望传达的国潮概念是，国货的消费成为潮流。"她希望自己能在业内树立起一个标杆，所有品牌都可以复制这个模式，自己做事，使越来越多的国产品牌恢复勃勃生机。

　　田瑜与锦雀，都是阿里巴巴的普通一员，然而，正是这些小小员工所进行的无数创新，让阿里巴巴进化成了一个庞大的商业体，平台年交易规模高达 6 万亿人民币。

　　而田瑜、锦雀以及彭蕾、胡滔的经历，也充分说明，论创新能力，女人也是巾帼不让须眉。当今社会，女性参与和领导创新创造，比以往任何时候都多，她们在很多领域都不断崛起，成为创新的驱动力。全球无数女性做出的不可或缺、令人振奋的贡献正在驱动这个世界发生巨大的变革。她们以"我能行"的态度，鞭策着我们每个人。她们的卓越成就如同一笔宝贵的财富，激励着更多怀有雄心的女性成为未来的发明者和创造者。

第六节 变化的人生更有质量

拥抱变化，是阿里巴巴的一种企业文化。正如阿里巴巴集团 CEO 张勇所说："不断升级自我，时刻具备拥抱变化的热情和能力，必须成为核心竞争力。"

企业如此，个人也是如此。而胡瑜玲就是这种企业文化的践行者。从淘宝到淘宝商城再到天猫、天猫国际和天猫海外，在阿里巴巴的十多年里，胡瑜玲换了很多份不同的工作，每次都是从零开始……很多人都说她爱折腾，但这位阿里女将却说自己享受这种不断变化的人生。

2007 年，胡瑜玲是上海一家知名 4A 公司的业务总监，在广告圈摸爬滚打多年的她，那时每天一身时尚的装扮出入浦西最高档的写字楼，周末徜徉于各种酒会、时尚发布会……然而，2007 年 7 月，她却被猎头"请"到杭州华星科技一座像筒子楼一样的写字楼里，面试官向她介绍了阿里巴巴的主营业务，她却坦诚地告诉面试官，自己从来没在网上买过东西，更没有什么淘宝账号。

后来，胡瑜玲每每回忆起当时的情景，仍觉得非常有趣："2007 年 7 月，HR 丁典把我面试进来，大概前后花了 3 分钟，后来才知道他是个技术负责人，一共也就当了那几天 HR……进来后发现办公室是位于二楼的一层房间，和其他公司共用厕所，上厕所都要当着前台妹妹的面扯手纸。"

不过，胡瑜玲最终还是决定加入阿里巴巴。一方面是妈妈希望身为独生女的她能回杭州工作，另一方面，是她发现越来越多的人开始网上淘宝。她决定来一次疯狂的跳槽。反正什么都不懂，就从底层做起吧。

"我是 AB 型双子座，骨子里就是喜欢打破常规。"当然，更吸引胡瑜玲的是，"这家公司似乎还挺好玩的，做的事挺疯狂的"。

从那之后，胡瑜玲就成了阿里巴巴的一员，花名"冷月"。

刚入职时，胡瑜玲感觉很不适应，"比如那时流行群回全公司邮件，有同事群回我的邮件，在数百人面前微讽我邮件开头写'Hi'、最后写'best regards'太矫情了。也有人觉得我控制品牌 VI 太严格，不通过就不允许出街，数次投诉到我老板那里。更有人看不惯我冬天还穿裙子丝袜……"

不过，随着时间的推移，这些小小的分歧与矛盾逐渐消失，至今再回忆起来，胡瑜玲还感觉"很有意思"。

作为公司里最会拍广告的人，胡瑜玲在市场部如鱼得水。2009 年，胡瑜玲和自己市场部的同事，用差不多一个小时的时间，就创造出"全场五折、全国包邮"的天猫"双十一"广告语。2012 年，在她的手里，又诞生了天猫商城的第一支广告。那个后来成为爆款的广告词"没人上街不等于没人逛街"，就是胡瑜玲的创意。那年的"双十一"，凌晨三点胡瑜玲才从公司出来，独自一人在宽阔的马路上开车。刚刚经历过的网上的疯狂热情，与马路上的清冷寂静，形成了一种巨大的反差，让她百感交集，灵感由此爆发。

人人都觉得，继续奔驰在广告这条路上，胡瑜玲一定会风生水起。然而，2012 年前后，在拍完天猫第二支广告后，胡瑜玲发现：自己已经不适合这个行业了。

那时她刚刚迈过 30 岁的门槛，突然就觉得什么"二次元""超次元"，那些年轻人喜欢的东西，她已经不了解了，而且也没什么兴趣。

从事品牌十年，我感觉灵感遇到了瓶颈，即便每年都能拿到 3.75 分的绩效，但重复的工作不再带给我新的激情与成长。幸运的是，入职以来遇到的每一位老板，都给了我充分的尊重、信任、自由和支持。于是，我决定去做从未尝试过的线下活动，我想探测自己的戏路究竟可以有多宽。

幸运的是，在阿里巴巴这个高速增长的体系里，机会俯拾皆是，系统给员工的空间和选择是无限大的，前提是自己肯努力。但是，应该往哪个方向转型呢？想来想去，胡瑜玲决定去做运营，因为大家都说阿里巴巴的强项就在于运营，但她从来没做过，很想知道运营是怎么回事。

想清楚之后，她就主动敲开了老板的办公室，要求转岗。

2013年，胡瑜玲离开了市场部，加入天猫国际，开始做大客户招商的BD（商务拓展）。进入一个完全陌生的领域，一切都要重新学起，怎么运营店铺，怎么看转化率，怎么去帮客户导入更多的流量……一开始，胡瑜玲感觉自己像一只没头苍蝇一样到处乱撞，渐渐地，她摸出了一些门道，并且爱上了自己的新工作。

2016年，一个名叫"天猫出海"的计划开始在阿里巴巴内部孵化，在工作上已经游刃有余的胡瑜玲被任命为负责人。这个项目在2017年通过手机淘宝正式启动。从那之后，外国人也可以轻松买到中国商品，2018年，一个澳大利亚华人姑娘就以3万元人民币的价格，从中国买了一艘货真价实的龙舟。

当天猫海外的团队从最初的五六个人逐渐发展壮大到足足两百余人时，2018年年底，胡瑜玲再次接到调令：从完全建制的BU团队天猫海外业务负责人岗位，调到人力资源管理部门做组织和人才发展（OTD）。

这是一次真正意义上的轮岗。它不同于通俗意义上的转岗，真正的轮岗往往发生在"高潜员工"身上。"在一个岗位上待的时间足够长，做得足够好，组织就要求你到另一个地方去锻炼，长出另一种能力，你越是出色就越要轮掉你。"胡瑜玲是这样理解的。

对这个突如其来的调令，胡瑜玲除了接受别无选择。因为在阿里人的价值观里，除了"唯一不变的是变化"，还有一条是几乎所有人都能脱口而出的，"此时此刻，非我莫属"。一位同样接到过轮岗通知的 P9，曾问过 HR 两个问题："我可以拒绝吗？我可以带个人一起去吗？"得到的答案都是"不"。

轮岗之后的胡瑜玲，负责组织部的运营和发展。组织部其实已经在阿里巴巴存在了很长时间，从 2018 年开始，这个部门得到了重点运营，组织部目前有 500 多人，涵盖 M5、P10 以上级别高管，这群人被定义为阿里干部的中坚力量，和合伙人一起，捍卫阿里巴巴的使命、愿景和价值观。

这是一个非常"抽象"的团队，初来乍到的胡瑜玲感觉很迷茫，"到了那边也不知道团队到底是干吗的，也不知道 KPI 是什么"。

但胡瑜玲的适应速度飞快，她不但出色地完成了自己的本职工作，还全程参与了新版价值观"六脉神剑"的升级讨论。

在这之前，阿里巴巴的合伙人曾经在内部展开讨论，是否对价值观进行更新，最后的结论是，应该有一个面向未来的"新六脉神剑"。很快，一个项目组被集结起来负责做这件事，彭蕾、童文红都是项目组成员，胡瑜玲也是。她参与了"新六脉神剑"从开始讨论，到最终成型的全部过程。

讨论从合伙人级别开始，之后访谈了数百名一线员工，征求大家意见后，形成初稿。初稿被拿到了"风清扬班"和"逍遥子班"去讨论，形成一个 leader 们公认的版本。然后再到组织部去试。每次开会至少都有数小时，有时整整一天，直到半夜。大家"几乎不吃不喝"，激烈地讨论价值观上的每一个字、每一句话、每一个行为、每一个案例，反反复复地改。

2019 年 7 月，项目组被关在一个房间里 13 个小时，讨论一条一条的内容，看看是不是真的可以准确地告诉所有员工，阿里巴巴弘扬什么，摒弃什么，坚持什么，反对什么，指导大家做出正确的决定。

2019 年 8 月 9 日的合伙人会议，马云与所有合伙人一起，对着一台电脑对初稿进行逐条修改。那是一次充满"回忆杀"的会议，马云和大家分享了很多有关价值观的历史时刻，比如当初是如何和彭蕾、关明生等人定下了第一版"独孤九剑"，那句"今天的最佳表现，就是明天的最低要求"是怎么出来的。

三天后，阿里巴巴召开组织部大会，合伙人、组织部成员们进行了"深度实战"，彭蕾、井贤栋等人上台进行现场解读和演练，比如怎么看价值观，怎么给下属打分……"新六脉神剑"在这次会上正式定稿。

为了"新六脉神剑"，胡瑜玲已经记不清开了多少次会了，但能参与这件事，一直被她视为一件幸事。

胡瑜玲把自己在阿里巴巴经历的十多年，称为是"一部转行转型史"。她很感谢阿里巴巴，因为只有这样"很妙很辛苦又很宽容"的公司，才会允许像她这样"喜新厌旧"的人一次次在对当下失去兴趣、想要变化时从头再来。

对阿里巴巴的"拥抱变化"，她有自己的理解：

> 阿里巴巴有一条价值观叫"拥抱变化"，我的理解是：你拥抱公司顺势而变，公司也拥抱你的任性进取。在阿里久了的人都不会畏惧组织的任何安排和调岗，也让我在后来的人才招募上，并不十分在意专业经验，我更看重聪明、热爱和价值观趋同。

未来，或许胡瑜玲还会换无数次跑道。在她看来，在热爱的时候全情投入，当进入倦怠期的时候，拥抱变化，这样的人生，才是有质量的人生。

她更明白，主动走出舒适区，趁着年轻多折腾折腾，是最好的成长方式。在年轻的时候，千万不要放弃任何学习的机会，不要计较多做一点儿分外事，多帮一点儿没有利益的忙，因为这些看似无用的事，都会累积成为自己的壁垒；不断自我更新迭代，才能让自己成为不被轻易取代的人。

第七章

转危为机：在最黑暗的时候发光

20世纪60年代，美国前总统约翰·肯尼迪问起"危机"这个词用中文怎么解释，有人说："危机这个词，在中文里面是由两个字组成的，一个是危险，一个是机会。"其实，危机的本质是机遇，善于抓住机遇的人，能够把巨大的危机转化为成功的契机。在阿里巴巴的发展过程中，危机层出不穷，在那些促使阿里巴巴转危为机的人中，也有阿里女将们的身影。

第一节 心怀使命感，便无所畏惧

2003 年春天，冰雪消融，万物复苏，正如朱自清笔下所描述的那样：春天像刚落地的娃娃，从头到脚都是新的。

然而，谁也没有预料到，就在这个春花烂漫的时节，一场灾难席卷了整个中国，使全体国民都遭受了一场"洪水猛兽"般的挑战：从中央到地方，从珠三角到华北平原，从八旬老翁到七岁孩童，举国上下都记住了这两个字——"非典"。

所有人都不会忘记那段时间，学校停课，工厂停工，人们出门全都戴着口罩，老百姓疯狂抢购药品，还有隔离、死亡、救护人员因公殉职等诸多消息纷纷传来。北京、广东等也因出现多起病例而被列为重点检测地区。

就在非典肆虐之时，2003 年 4 月中旬，在广州市，第 93 届广交会即将如期召开。在当时，所有人都清楚的是，广州的果子狸是非典病毒的始作俑者。而作为发源地的广州，也是第一个被明确划为疫区和"重灾区"的城市。因此，很多参展商表示："宁可这参展费打水漂，也不能跑到广州去冒险。"

当时的阿里巴巴仍处于创业初期，根基还不稳，为了留住客户，也为了拓展业务，阿里巴巴的中国供应商项目承诺代替它的客户参加各种展会，展示顾客的产品和资料。可是，非典却在此时爆发了，是改变计划还是继续履行承诺？阿里巴巴人陷入了两难的抉择。

当时，"非典"流行之速，令人胆战心惊。电视台每日报告的确诊病例越来越多，更让人看了后惶恐不安，传闻四起。面对不可知的传染病，面对与日俱增的死亡人数，谁又敢以身犯险呢？

这个难题也难倒了马云，他在办公室里踱来踱去，始终拿不定主意。在与高管们反复讨论了几个小时之后，他最终还是拍板："去，一定要去！除非有不可抗力的因素，否则在任何情况下，阿里巴巴都有义务为（中国供应商）客户参展。"

"我们当时的想法是，阿里巴巴对客户承诺除了真正的不可抗力我们不会去之外，能做的我们都应该做到。而政府当时还是照常举办了广交会，所以我们也就正常地参加了。"当时参与讨论的阿里巴巴的一位高层回忆道。

于是，为了不辜负客户的期望，阿里巴巴的几名员工紧急赶赴广州，其中有一个女孩，就是阿里巴巴人称"宋小姐"的宋洁。

宋洁本是一个柔弱的女子，那段时间以来，非典的愈演愈烈让她一直有种草木皆兵的恐慌感，但心中的使命感又让她咬牙接受了这个任务。临行时，宋洁的心中颇有几分"风萧萧兮易水寒"的悲壮感。

在非典的冲击下，往年一直热闹不已的广交会一下子变得格外冷清，参展商也比预计的骤然减少。宋洁和同事们到了广州之后，也明显感觉到了这一点，没过多久他们便返回了杭州。

从广州回来的时候，已经是 2003 年 4 月底了。由于舟车劳顿，所有人都非常疲劳，同事们便各自回家休息。宋洁也感到疲乏至极，她想回家倒头就睡，但手头还有一些活儿要抓紧做，一向敬业的她就强忍困倦，来到了公司。

有细心的同事发现宋洁回来之后，就一直不停地咳嗽，于是关切地问道："小宋，是不是病了啊，怎么老咳嗽啊？"宋洁若无其事地答道："没事，可能是感冒了，回家吃点儿药就好了。"大家也没在意，毕竟一个才 20 岁出头的小姑娘，小感冒也没什么大不了的。

说到这里，我们必须要说一句题外话：当时，很多人都对"SARS"

这种病毒缺乏了解，忽视了隔离的重要性。面对突如其来的病毒，人类是那么无知。而在人类探索未知、战胜病毒的过程中，往往需要付出血的代价，才能换来一些经验。

过了两天，宋洁的"小感冒"不但没有好转的迹象，反而越来越严重，除了不停地咳嗽之外，还一直高烧不止。尽管她吃了很多感冒药，却仍然无济于事。宋洁是个工作狂，她心里惦记着自己手头的各个项目，但这可恶的病魔却让她久久无法安心工作。无奈，倍受"流感病毒"纠缠的她走进了附近医院的大门……

意外出现了！

宋洁无论如何也不会想到，从走进医院大门的那一刻起，她便成为数百万杭州人民讨论的焦点。她原本只是挂了个普通的门诊号，却很快被转进了重症监护病房，医生明确无误地告诉她："你是杭州市发现的第四例疑似非典病例，必须接受我们的隔离观察与诊疗。"

这突如其来的消息对于一个只有 20 岁出头的小姑娘来说，犹如晴天霹雳，她感觉自己掉入一个巨大的冰窟……

两天之后，她被确诊为非典病例。听说这个消息后，马云感到既震惊又愧疚，当天，夜深人静时，他怀着十分复杂的心情提笔写了一封信。这不是一封家书或者商业来往函，因为收件人是阿里巴巴的所有亲友——

尊敬的阿里亲友：

这几天我的心情很沉重！从上午知道确诊后到现在，我一直想给所有的人表示深深的歉意！如果今天有任何事可以交换我们不幸的患病同事的健康，如果今天我们可以做任何事来确保同事和杭城父老兄弟姐妹们的健康，我愿意付出一切！！

我知道今天作任何解释都毫无意义！毕竟事情已经发生！我为我们的同事在事发前所做的一切应急预防准备工作表示遗憾！因为我们的准备工作也许是杭州最好的之一，但由于种种偶然的因素我们还是被 SARS 击中！而我们的应急方案居然真的派上了用场！

确实，阿里巴巴存在很多不足之处和漏洞，很多问题我们会在灾难后认真反省！作为公司负责人，我很想承担所有的责任，如果可以的话。但理智告诉我，今天还不到指责埋怨的时候！！今天我需要和大家一起共渡难关，迎接挑战！一家由年轻人组成的年轻的公司，经过这次我们会成熟得很快！

这几天令我感动的是，面对挑战，所有阿里人选择了乐观坚强的态度，我们互相关心、互相支持。在共同面对 SARS 挑战的同时，我们没有忘记阿里人的使命和职责！因为灾难总会过去，而生活仍将继续，与灾难抗争并不能停止我们继续为自己钟爱的事业奋斗！

我为有这样的年轻人而骄傲！我为自己能在这样的公司里工作而自豪！我也希望阿里的家人朋友们为你们这样的年轻人、这样敢于接受挑战的年轻团队而鼓掌！因为他们没有选择恐慌、退缩和悲观！这是阿里价值观的作用！阿里人能理解！

现在我还想向大家宣布一件事：从今晚起阿里巴巴所有杭州员工可能面临全部隔离！我想为了我们自己，为了家人朋友，为了杭城父老，也为了阿里巴巴的明天，我们就过上几天封闭生活吧！

我理解大家现在的心情，真的对不起！影响了大家的生活和工作！养好身体比啥都重要！请大家认真配合有关部门的工作！请各位阿里人把此信转给我们尊敬的亲属、朋友和所有因我们而受各种损失的人士！并向他们表示深深的歉意！

让我们共同为那位生病的同事祈祷！祝福她早日康复！这几天我们还会和大家通过网络联系，我们仍会一如既往、客观透明地报告我们所知道的任何情况！

再次向各位表示歉意！！

谨致诚挚的问候，衷心祝愿大家身体安康！

阿里人
马云

躺在病床上的宋洁，也看到了马云的信，她心中的恐慌一扫而空，一下子变得淡定起来。"反正我都住进来了，难过又有什么用呢？"被困在隔离病房，每天陪伴她的除了马老师送来的《坚持到底》CD，还有同事送来的温暖祝福和从各处寄来的物品。一位员工的家属，在公司内部的公开信中这样写道："我们大家都爱小宋，她是个美丽而勇敢的姑娘，出院的时候我一定要拥抱她！"

那段时间，她是幸福的。后来在"五年陈"的分享会上，宋洁说：

> 我们从危难当中看出了团队精神，这让我们更加相互信任、背靠背地、简单地去做事情。这件事可能这一辈子都会让我深深地记住。

事实上，即便在宋洁身上发生了如此不幸，她也从来没有怨恨过公司。她曾亲口告诉马云，如果给她重新选择的机会，她依然会参加那次广交会。

不仅是宋洁，这种甘为公司前赴后继、赴汤蹈火的献身精神，已经深深融入每一个阿里人的血液。"如果现在阿里巴巴还需要员工去广州，我相信马总的办公桌上会堆满了请战书，会有很多人愿意赴汤蹈火，在所不惜！"

2003年5月10日，宋洁终于战胜非典，康复出院。后来，阿里巴巴为纪念和发扬员工之间"不抛弃、不放弃"的精神，决定将5月10日宋洁出院的日子定义为"阿里日"。

第二节 越猛烈的危机，蕴藏越大的机遇

20世纪60年代，美国前总统约翰·肯尼迪问起"危机"这个词用中文怎么解释，有人说："危机这个词，在中文里面是由两个字组成的，一个是危险，一个是机会。"其实，危机的本质是机遇，善于抓住机遇的人，能够把巨大的危机转化为成功的契机。

对阿里巴巴来说，非典既是一场危机，也是千载难逢的机遇。而促使阿里巴巴转危为机的，正是不畏艰险、勇挑重担的女将们。

宋洁被确诊为非典案例后，2003年4月30日上午，马云接到市政府的正式通知：整个华星科技大厦将被完全封锁，阿里巴巴全体员工将全部被"隔离"！

下午，一场轰轰烈烈的战役打响了。马云亲自挂帅，高管们全部到一线指挥"作战"：联系杭州市电信部门，给所有员工家里安装宽带、调试通讯设备，并派出公司的技术保障人员，确保每位同事家里都能联网，并接入公司系统；整理客户通讯录；更改业务工作和汇报流程，等等。

彭蕾是那场战斗的"指挥员"之一，她至今仍对当时的情形记忆犹新："那天下午，我站在窗户边上，看到这栋大楼里的人纷纷带着电话机、传真机、电脑往外逃，那情景真的像逃难一样……而我们自己的同事也开始大规模收拾东西，把电话、电脑、传真机打包，逃难一样地离开公司大楼……"

从此，阿里巴巴500多名员工摇身一变成了地地道道的"SOHO一族"。

对于这样一种前所未有的工作方式，能不能达到马云和高管们预期的效果，员工们心里没底；阿里巴巴究竟能否平稳渡过这个关口（更别提业绩爆发了），也只能看这个年龄只有 4 岁、员工年龄不足 26 岁的公司的造化如何了。

不可思议的是，这个年轻的公司如一台高速运转的机器，一切都在有条不紊地有序进行。

虽然正常的办公秩序一度被打乱，包括一线的（直销）销售人员在内，都不得不把电话带回家，在家里办公，但效果却是令人满意的。

在那些日子里，无论客户的电话什么时候打过来，无论接电话的是阿里人还是他们的家人、亲人、朋友，总能让电话另一端的人听到一个个亲切、热情而真诚的声音："您好，这里是阿里巴巴。"

尽管，有时候他们的声音不够职业化，但电话那一头的客户（也许是在遥远的美国东海岸，或者更遥远的大西洋沿岸）丝毫不会感受到电话这边的中国公司有任何异常；他们更无法想象的是，兢兢业业为他们提供宝贵服务的这些年轻人们，正因为极其特殊的原因而不得不被"软禁"于家中。

在这漫长的 14 个日日夜夜里，电子邮件和"雅虎通"等网络聊天工具也逐渐成为大家最主要的交流方式。风平浪静的时候，同在一个屋檐下、每日低头不见抬头见的同事们，极少使用网络、电子邮件这些现代化的通讯工具交流。

况且，在被繁忙的工作占据大量时间的平日里，大家凑在一起时，更多的是谈论工作，彼此之间绝少说些什么知心而煽情的肺腑之言。但是，在此时此刻，当"面对面"成为遥不可及的愿望时，"心贴心"的交流显得格外亲切、温馨……

作为主心骨的马云，更是对这种退而求其次的内部交流方式格外重视，他亲自参与其中，与大家一起谈心。那段时间，公司内网上留下的很多宝贵的邮件，至今仍保存下来留作纪念。在那一封封感人的邮件中，高度浓缩的是亲密无间的"阶级友情"，充分稀释的是昔日那些过家家般的个人恩怨。

已经有几百人的阿里巴巴，从一个国际大公司重新回到了一个团队的时代。

隔离，让同事之间曾经有过的隔阂消弭于无形之中，让他们变得更亲近；团队，被更为有力地团结在一起，那一刻，每一个人都不再害怕，他们觉得自己从未如此有力过；在灾难面前，所有的个人恩怨都显得那么微不足道，甚至会让人怀念起平日里偶尔跟同事拌两句嘴的情景；在灾难面前，价值观绝不是一句空洞的口号，而是凝固在每个人心中的伟大信念与光荣使命！

阿里巴巴团队的正常运转，离不开童文红的付出。实施隔离后，作为行政部的负责人，童文红忙得如同陀螺一样，她不但要及时向领导沟通、汇报，还要和保安联络，安装紧急疏散设备，安慰并照顾部门里病症严重的人……那段时间，童文红每天都如临大敌，几乎枕戈待旦。虽然累到心力交瘁，她仍然强打精神，足足扛了半个月，直到公司安全渡过难关。

整个"非典"期间，中国国内几百万家企业很快出现冰火两重天的局面：国内 140 万家阿里巴巴的会员企业，竟然有一多半企业在疫情期间实现业务跨越式、爆发式增长；而那些向来对网络经济、电子商务嗤之以鼻的企业，大部分遭受重创，交了惨重的学费。经过这场灾难之后，没有多少商人还会再怀疑电子商务的优势，阿里巴巴突飞猛进的营业额是最好的证明：每天新增会员 3500 名，每日供求信息量增长 5 倍，每天收入 100 万！

一场漂亮的战役，必然以漂亮、完美的结局而收场：宋洁很快痊愈，再次投入到工作中去；被隔离的 500 人团队毫发无损，没有一个人受到感染；阿里巴巴国际、国内网站一直保持稳定、高效地运行，为全球 210 万会员提供每天 24 小时不间断服务，业务不仅没有因疫情的影响而下滑，反而实现了激增 5 倍的成长奇迹！

在互联网行业最寒冷的那两年，人们渐渐对"鼠标经济"失去了信心，春天的身影也变得亦真亦幻。几乎所有人都不会想到，中国的互联网春天，竟然以一场空前的灾难而拉开它迟来的序幕……

多少年后，大家对"非典"记忆犹新，它制造了恐慌和压力，却也孕育了新的机遇。

2003年，中国一共有上网计算机3089万台、上网用户数7950万人，一年前的数字分别是2083万台和5910万人，随着计算机与上网人数的增加，互联网迎来了泡沫幻灭后的第一个春天。2003年，新浪、搜狐、网易分别实现了上市以来首次全年盈利；深圳一家名为"腾讯"的公司，也上线了腾讯网、QQ秀以及QQ游戏平台。

2003年5月10日，淘宝网正式上线，在此后，它逐渐成长为全球最大的电子商务平台。

阿里巴巴的前CEO卫哲曾经评论："没有遇到'非典'，可能阿里巴巴就没了，'非典'给阿里巴巴做了最大的推广，当时是每个人被迫都必须要用互联网的。"

而《沸腾十五年》的作者林军则认为，2003年"非典"，最受益的公司是阿里巴巴，其对阿里巴巴的影响不仅在于让电子商务加速推进，更在于让阿里巴巴获得内部凝聚力的高度统一，阿里巴巴借此完成了从优秀到卓越的内部跃迁。

"非典"的确促进了阿里巴巴的迅速成长，但真正成就阿里巴巴的，是所有阿里人的团结一心。这也就不难理解，为什么在整个"非典"期间，卓越也在成长，慧聪网也在壮大，当当网也在腾飞，却没有一家网站能像阿里巴巴那样以一种"核聚变"般的力量爆发、井喷，一飞冲天！

正如马云在设立"阿里日"的公开信中所说：

> 但凡一个个人乃至一个公司，要成就其非凡的伟大，必经受并战胜非常的困难和挑战。当"非典"的记忆悄悄地在我们的脑海中褪去的时候，阿里人在抗击"非典"过程中所体现出来的果断、团结、敬业、互助互爱的阿里精神却历久弥新，不管是否亲身经

历过那段危急时刻，都深深为阿里人所创造的奇迹感动着、激励着。我们相信，"非典"只是一个试金石，其实在我们日常工作中的点点滴滴细微之处都能感受到作为阿里人所具有的独特品质。就是这种品质、这种精神，让我们坦然地面对挑战并战胜挑战；让我们迅猛发展并更加迅猛强劲地发展；让阿里之所以为阿里，让阿里人之所以为阿里人。

都说男性刚强，女性柔弱，但刚易折，柔却能克刚。在危机面前，女性往往更趋向看到事物好的一面，容易保持乐观的心态，表现出超强的抗压能力。正因为如此，她们身处黑暗之中也不绝望，因为她们在黑暗中能看到满天的繁星。

也正是这种女性所独有的柔韧特质，使阿里女将们带领着团队正确面对"危"，努力想办法将"危"转为"机"，从而在别人的惶惶不可终日中找到突破点，使阿里巴巴获得更大的发展空间。

第三节 保持定力，方能行稳致远

2015 年，马云在接受中央电视台《对话》节目采访时曾说："我觉得我深以为傲，我讲过，我最艰难的决定不是把支付宝私有化，而是把支付宝变成内资，这是我大概十五年来最艰难的一个决定。"

马云提及的"支付宝私有化"，是阿里巴巴遭遇的一场严重的危机，至今，彭蕾还念念不忘。

这场风波还要从支付宝的股权结构说起。

因为创业初期资金短缺，阿里巴巴集团引入了大量的外资。作为阿里巴巴的子公司，支付宝的股权大部分也是由外资控制，美国雅虎和日本软银集团握有 70% 的股权，因此，从本质上来说，支付宝其实是一家外资控股企业。

金融行业本就属于敏感行业，如果一直是外资控股，一定会给支付宝的发展壮大带来巨大的阻碍。尤其是 2010 年央行发布的《非金融机构支付服务管理办法》（以下简称《办法》），对新兴的非金融机构支付服务行为做了进一步的规范。这个《办法》实际上是给支付宝等第三方支付公司一个正式的法律名分。换言之，支付宝是否合法，就看能否符合《办法》的规定。通观这一《办法》，规定申请从事支付服务的，必须为国内依法设立的有限责任公司或股份有限公司，同时指出，外商投资支付机构的业务范围、境外出资人的出资条件和出资比例等，由中国人民银行另行规定，报国务院批准。这条规定促使马云、彭蕾等人下定决心，必须将支付宝变成"内资公司"。

早在 2007 年，阿里巴巴集团董事会就讨论过支付宝获得牌照的问题，并授权管理层去做这个事情。2008 年，董事会讨论支付宝的股权问题时，提到了如果准入门槛涉及公司内外资属性时，公司应该怎么做。当时，董事会的态度是"不说行也不说不行"。此后，一旦涉及支付宝牌照与股权的问题，杨致远就模棱两可，孙正义更是避而不谈。

2009 年 4 月，央行要求从事支付业务的非金融机构在 7 月 31 日前进行登记。尽管央行表示登记结果不会产生实质影响，仅仅作为制定政策的参考。但是，正如彭蕾所说：

> 在合乎监管要求之下，我们不能有任何的侥幸心理。[1]

时任支付宝 CFO 的井贤栋对于支付宝的股权结构也很担忧，他说，当时支付宝认为，如果是外资公司，就可能会遇到申请牌照的麻烦。基于政策上的担心，再加上董事会暧昧不明的态度，马云拍板，在 2009 年 6 月 1 日，进行第一次股权转让，将支付宝 70% 的股份转到了马云和谢世煌全资拥有的浙江阿里巴巴电子商务有限公司名下，剩下 30% 的股份则在同年 8 月份转给了内资持牌企业，至此，支付宝正式脱离阿里巴巴集团，成了纯内资公司。期间，阿里巴巴集团董事会也明确授权管理层通过股权调整来合法获得支付牌照。只是，这个授权是有前提的，即支付宝内资公司只是用来持牌的，支付宝实际的收益和财产权利还是要通过 VIE（协议控制）结构的方式回到阿里巴巴集团里。

如果支付宝的"私有化"止步于此，那么杨致远和孙正义也不会有很大的反对意见，毕竟 VIE 结构可以让他们继续控制支付宝，只是方式相对隐蔽些。但是，VIE 始终是通过打擦边球的方式来规避国内监

---

[1] 引自 2011 年搜狐新闻的报道《支付宝股权转让说明会实录》。

管的应急措施，对国家安全仍然具有潜在和现实的威胁。尤其是像支付宝这种龙头企业，掌握着大量的客户资源和资金。据统计，截至2010年12月，支付宝注册用户超过了5.5亿，日交易额在25亿元以上。并且它和国内外众多金融机构都有密切联系，一旦有任何风吹草动，都会对我国金融体系产生巨大冲击。

正因为如此，央行也十分关注支付宝的VIE结构，并在2011年第一季度向支付宝发来了函件，要求支付宝对整个VIE结构做一个详细说明。

接到函件，彭蕾意识到问题的严重性，央行函件的潜台词应该是如果支付宝不是100%内资，基本没资格再申请支付牌照了。再不做决定，支付宝很可能拿不到牌照。一旦拿不到牌照，支付宝就是一家非法经营机构，依靠其完成大部分交易的淘宝该怎么办，6亿用户又该怎么办？这个后果是任何人都无法承担的。关键时刻容不得半点儿闪失。彭蕾说：

> 这个事情我们不能有任何侥幸心理，我们今天必须用200%的努力去确保一个100%正确的结果。[1]

不只是彭蕾，马云等阿里巴巴管理层也意识到了问题的严重性和紧迫性，需要当机立断。马云把央行的函件拿给杨致远和孙正义看，结果，这两位董事依然认为协议控制是最好的解决方案。杨致远还好些，该支持的时候还是支持的，但是孙正义却是极力反对去VIE结构，他说："我在中国这么多朋友都玩VIE，为什么你不能？"于是，三方开始了拉锯战。杨致远、孙正义耗得起，马云、彭蕾可等不及了。因为在竞争激烈的支付市场，支付宝虽然处于领军地位，但是如果不能在第一

---

[1] 由曦：《蚂蚁金服：科技金融独角兽的崛起》[M]，北京：中信出版社，2017年。

批拿到牌照，在微信等对手的打压下，很可能会一蹶不振。

无奈之下，2011年第一季度，马云单方面终止了协议控制，使得为牌照而做的"假离婚"一下子变成了真正的分道扬镳。

一石激起千层浪。这个决定不但让马云和雅虎、软银反目，也让马云的声誉大打折扣，众多业内人士纷纷指责马云是在破坏游戏规则。各类负面报道更是铺天盖地，指责马云和阿里巴巴集团违背了契约精神，"偷走"了支付宝。尤其是国内最有影响力的媒体人胡舒立发表的《马云为什么错了》一文，不问事实，不做研究，一味指责马云违背了契约精神。

马云也不甘示弱，直接用短信与胡舒立辩论，称其没有了解真实情况就妄下结论，还讲述了此次支付宝股权转移和牌照申领过程中的所思所想。为了让公众全面了解事情的真相，阿里巴巴又在2011年6月14日下午两点，在淘宝总部六楼会议室举办了支付宝股权变更说明会，彭蕾和井贤栋都到了现场。他们三人对支付宝股权变更的前因后果进行了详细的说明，澄清媒体报道的"误读"。

发布会上，马云开门见山地说道，"这是一个不完美，但这是当时当刻唯一正确的决定"，并称阿里巴巴与雅虎、软银正积极谈判，以开放的态度进行沟通协商，以便达成一个兼顾三方利益的协议。

虽然当时争议不断，但是后来的事实发展却再一次验证了马云的选择是多么明智。在商海中，"没有不可讨论的利益"[1]。态度强硬的雅虎和软银在利益面前，照样选择了妥协，毕竟面子怎会比实在的利益重要呢？

2011年7月29日晚，经过了多轮谈判，阿里巴巴、雅虎和软银终于达成了一份框架协议。根据协议，阿里巴巴集团将获得如下回报：支付宝上市时，获得相当于其市值37.5%的部分，总额度不低于20亿美元、

---

[1] 引自2011年搜狐新闻的报道《支付宝股权纷争马云最终获胜》。

不高于 60 亿美元；支付宝上市前，阿里集团每年获得支付宝及其子公司税前利润的 49.9%。

获得自由之身的支付宝，直到 2013 年 11 月，才最终确立了自己的股权框架，即 40% 的股份为支付宝全体员工所有；马云个人持股不超过 7.3%，剩余股份将引入外部机构投资者。

对于这样内外结合的股权分配方案，彭蕾给出的解释是：

> 互联网金融是一个生态系统，我们不希望变成一个单一的、倾向性的系统。金融是封闭的，但是互联网是开放的。所以我们希望我们的股权设计也是如此。

至于为什么会先一次性地确定员工持股比例，彭蕾说："当年我在阿里巴巴集团当 CPO，马云和董事会最大的分歧就是每年给员工的奖励和期权，每年虎口拔牙，非常痛苦。这是他和董事会吵架最多的。所以我们这次决心先把股权拿出来，一劳永逸。"[1]

为人处世，既要有魄力，也要有定力。古人说"每临大事有静气"，兵家也推崇"不动如山，静若处子"。有了定力，人才会专注，才能坚定立场、坚持真理，笃定守志，行稳致远。没有定力，人就会摇摆不定，随波逐流，经不起各种风险和诱惑的考验，最终难免偏离目标，误入歧途。

彭蕾是一个有定力的人，在这场风波中，她就像一根"定海神针"一样，身上散发着一种让人安心的魔力，稳住了所有人的心。对彭蕾的定力，马云曾经赞许有加：

---

[1] 引自 2014 年新浪新闻的报道《阿里金融掌舵人彭蕾：余额宝若被打败一定是从内部攻破》。

我们的心态没有变,否则压力真大。……你看彭蕾余额宝去年面临的那些压力。15年来,别人总是小看了我们的抗击打能力。其实觉得我们阿里最厉害的地方,是我们被人捅了很多刀,外面看起来光鲜,但其实是有很多内伤的。

独立后的支付宝在彭蕾的带领下继续在支付行业里开疆拓土,坚守提升用户体验的初心,并于2014年组建了蚂蚁金服,短短几年便发展为炙手可热的科技金融"独角兽",估值一度高达上千亿元。

第四节 懂得迂回，更容易成事

彭蕾最想做的，是冷静又疯狂的人，她曾经说过：

> 这个世界不怕冷静的人，不怕疯狂的人，就怕两者的结合体，怕的是冷静思考又疯狂做事情的人。

人一冷静，骨子里的热血就会冷下来，失去无所畏惧、一往无前的冲劲；人一疯狂，理智就会退位，最后很可能自取灭亡。只有冷静又疯狂，才能在纷乱的变局中找准问题的根源，以冷静而又柔软的力量将危机化解。

2013年6月，余额宝问世。这个创新型的理财产品将理财的门槛降到了一分钱，年化收益率却高达6%，老百姓的购买热情一下子被点燃，大量存款涌入余额宝。只用了一年多的时间，余额宝吸收的资金就足足有6000亿，是彭蕾预想中的十倍。

银行因此陷入了崩溃状态——人民币存款大幅减少，本应属于自己的钱通过支付宝进入货币市场，转了一圈后银行却要以更高的利率才能借到。

根据相关机构统计，2013年下半年，余额宝基金几乎每一个月都能涨五六百亿元。如此大规模的资金流入，与银行的"钱荒"、刚性兑付等导致的负债支出居高不下的境况形成了鲜明的对比。前所未有的恐惧笼罩着银行等金融机构，虽然马云曾说过："如果银行不改变，那我们改变银行！"但谁也没有想到，这一天竟然会来得这么快，令人措手不及！

于是，银行等传统金融机构再也坐不住了，纷纷跳出来质疑余额宝的合法性。媒体也为银行站台，对余额宝穷追猛打。2014 年 2 月，CCTV 财经评论员钮文新连续数天发表评论文章，抨击余额宝是金融业的"吸血鬼"，呼吁政府取缔余额宝。他的理由是：余额宝哪里只是冲击银行，它所冲击的是中国全社会的融资成本，冲击的是整个中国的经济安全。

2014 年 3 月，在全国两会召开期间，这种质疑与抨击终于到了顶峰。政府决策人员和各大企业的领导者都将目光聚焦到了余额宝的身份与发展问题上。这之后不久，中国人民银行宣布暂停二维码支付业务，暂停虚拟信用。相关金融监管部门几乎是每周都去查余额宝，因为金融需要绝对安全，意外和爆发式增长等情况都不是监管部门想看到的，只是查来查去，发现余额宝并没有太大问题。

因此，全国政协委员、时任中国人民银行行长周小川在接受媒体采访时表示，对余额宝等金融产品肯定不会取缔，过去没有严密的监管政策，未来有些政策会更完善一些。这是政府高层首次在媒体面前发表关于余额宝的意见，这意味着余额宝获得了政府的认同。

余额宝没问题，银行就更加恐慌了。它们很快便对余额宝采取了限制措施：先是国有三大商业银行表示再也不接受各自分行与天弘基金进行协议存款交易，然后是工商银行、农业银行、中国银行、建设银行等四大银行抱团，以"保护用户资金安全"为由，相继下调了支付宝快捷支付的单笔限额和日累计限额，试图从根本上制约余额宝类理财产品的发展速度。

银行的联手让阿里巴巴人愤怒不已。支付宝公关总监曾经在微博上为余额宝"喊冤"："余额宝从诞生第一天就得到了监管部门的大力指导和有效监管：诞生至今的 264 天里，共计得到各种监管 43 次，平均每 6 天一次。今年 1 月至今，央行、证监会、国家审计署等累计来监管了 19 次。"

马云也非常生气，2014 年 3 月 23 日，他公开发文回击："不知道谁给银行权力，可以伤害储户支配自己资金的权利，更不知道谁来监管四大'国手'联合封杀的合法性。有国际友人说，'举世未闻，匪夷所思'。"

这是一种典型的马云式行事方式：直来直去，有一说一。然而，在被高度监管的金融领域，马云这种直率的行事方式显然行不通，更何况这一领域的主要参与者是国有机构。如果一直这样硬杠，恐怕最后吃亏的只会是支付宝。

危急时刻，彭蕾仍然保持冷静。她挺身而出，以迂回战术彻底征服了银行等金融机构，力挽狂澜。

她先给银行吃了颗定心丸，针对银行最担心的事做出一系列回应，尽可能地消除银行与支付宝的误会，为支付宝赢得更多金融界的好感与支持。她刻意降低支付宝的姿态，给足银行大佬面子，力捧银行的地位：

> 银行作为国家金融体系主动脉，发挥的作用不可能被替代，而网络支付和新兴金融服务则是今天整个生态体系中的毛细血管。主动脉与毛细血管都是整个金融生态体系的有机组成部分。

言下之意是，银行才是金融体系的主动脉，互联网金融只是毛细血管。像余额宝这样的货币基金，对银行来说不过是小生意，根本动不了银行的根基，请高抬贵手。

针对银行对余额宝发展前景的担心，彭蕾又对余额宝的定位进行了解释——余额宝并非是支付宝的战略级产品：

> 只是为了让用户放在支付宝里的余额通过投资相对比较安全的货币基金来获取一点儿收益，所以它才叫余额宝。尽管余额宝受到的喜爱远远超出我们的预期，它也成为普惠的互联网金融的

一个代表性产品，但回归到做余额宝的初衷上来，它从来不是为了颠覆谁，或者打败谁。

另一方面，彭蕾又给银行算了一笔账：余额宝的总量虽然看上去很大，但这些钱只占存款总量的1%，对银行来说简直是九牛一毛，完全可以忽略不计；余额宝的人均投资才5000元，这部分用户其实正是银行不屑于招呼的小客户，根本不会威胁到银行的业务发展。说白了，余额宝只是捡了银行的"残羹剩饭"而已。

除此之外，她还以诚恳的态度呼吁银行与支付宝进行理性的沟通：

> 有争议不要紧，任何争议相信通过理性客观的沟通都能解决，但前提是不能影响用户体验和利益。争议之后，更希望大家能与生态体系其他各个参与者一起，努力发展普惠金融，让金融更好地为经济社会发展和民生改善服务，这才是最终目标。

彭蕾的冷静与睿智，让银行也渐渐恢复了理智，这下子它们才明白过来，支付宝和银行抢的根本不是同一碗饭。最先做出反应的是建设银行，它迅速把支付宝的备付金主存管行从工商银行挪到了自家，成了这场风波的大赢家。

不过，最大的赢家是彭蕾和她的余额宝，经过这一番风波，余额宝再无阻拦它的势力，一路飞奔向前。

无论是做人还是做事，都要懂得迂回的智慧。面对强大的阻力，我们固然需要拿出直面困难的勇气与毅力，但懂得绕道而行，在迂回中保持前进，更是一种难得的大智慧。迂回不是退缩，而是进取，有时候以曲为直，才能够更快地抵达终点。

正如彭蕾，面对突如其来的危机，她以女人独有的柔性，用平和的方式和迂回的策略使其消弭于无形。不仅如此，在危机结束后，她还积极进行修补工作，陆续将社保基金、中投海外、建信信托、中国人寿、中邮集团、国开金融、春华资本等"国字头"的金融大佬引入小微金服（后来的蚂蚁金服）做股东。有了这些巨鳄的加入，再有颠覆性的金融产品出现，也不怕被那些"国手"围攻了。

有人好奇，她为什么这么做？

或许答案正如她所说的那样：

> 我要付出200%的努力，证明我的决定是正确的，而且证明我可以比你创造更大的价值、更好的体验，给到周围这些人，给到社会。

第八章

守住底线：时刻保持敬畏心

有人用"壮士断腕"来比喻阿里巴巴打假——"制假售假的中小企业主是阿里巴巴的半壁江山，他们怎么可能断了自己财路呢？"但"铁娘子"郑俊芳却用自己的实际行动证明，在打假这条路上，阿里巴巴会越走越远。因为她深知，只有守住底线，才有阿里巴巴的繁荣。

第一节 就要有一股较真劲儿

在阿里巴巴的众多女将中，如果说谁"最狠"，答案或许令人惊讶，她的名字很多人都没有听过——郑俊芳。

《商业人物》给了她这样的评价："她或许是假货分子最痛恨的人，她领导的团队也被戏称为阿里巴巴最'拉仇恨'的部门，过去一年，有人拖家带口地围在办公园区门口扬言自杀，有自称公正的第三方协会在'双十一'前夕命令她的手下下架商品。从某种角度来说，她砸人饭碗，断人财路。"[1]

郑俊芳在阿里巴巴的花名是"灭绝师太"。在阿里巴巴，人人都有一个花名，花名就是身份的象征。不过，为人低调的郑俊芳在 2010 年加入阿里巴巴以后却一直没有花名。2015 年 12 月，马云将新成立的平台治理部交给她的时候，特意送了她一个特殊的花名——"灭绝师太"。他的目的就是要把这个团队打造成一支让制假售假闻风丧胆的"特种部队"，为此，他还给郑俊芳的副手起名"鬼见愁"。

众所周知，在金庸小说《倚天屠龙记》里，灭绝师太是峨眉派的掌门人，以武功高强、性格刚烈、不苟言笑、心狠手辣名震武林，是个人人都要忌惮三分的人物。不过，阿里巴巴的这位"灭绝师太"，脸上

---

[1] 引自 2017 年《环球人物》的报道：《最拉仇恨的女人，阿里巴巴"灭绝师太"的背水一战》。

却时常挂着盈盈的笑意，一眼看上去非常温和。阿里人对她的评价是亲和、朴实、正直、专业、敬业、皮实，尤其是"因为简单，所以皮实"。就连她自己也调侃说这个"灭绝师太"相当平易近人，并不像传言中的灭绝师太那般专横、霸道。

事实上，"灭绝师太"这个花名，郑俊芳只用了一天，然后就改成了"师太"。外界有人传说她之所以改花名，是因为阿里巴巴的花名文化有自己的"规矩"（除了马云的"风清扬"和张勇的"逍遥子"之外，其他人的花名都不能超过两个字）。其实并非如此。郑俊芳虽然不像马云那样是个资深武侠迷，却也对金庸小说略知一二，对灭绝师太这个武侠人物更是印象深刻，在她看来，作为女性，"灭绝"二字确实有失柔性。更重要的是，她说：

> 假货没灭绝，我就称不上灭绝师太。

郑俊芳与假货战斗到底的决心，由此可见一斑。

郑俊芳为什么对假货如此深恶痛绝？其实，阿里巴巴自成立以来，就一直备受假货困扰。对淘宝最多的指责，就是"随便一搜关键字，就能看到大把假货"。假货对阿里巴巴的品牌价值和发展带来了极大的损害，马云曾说：

> 据阿里统计，每卖出一件假货，就会让阿里巴巴失去 5 个以上的用户。假货是所有商业模式发展的硬伤，假货不是淘宝造成的。但淘宝注定要背负这种委屈、这种责任，淘宝只能认下它、解决它，解决假货和知识产权的问题就是解决淘宝的生存问题。

因此，打假事关阿里巴巴生死存亡。不过马云深知，"假货是人性的贪婪所致，这是人类永远无法彻底解决的一个战争，因为人总是希望快速发财，人总是希望不付出代价就能发财，人性本身就有这些东西在里面。假货就像病菌存在周围的空气里，跟假货作斗争就是跟人性的阴暗面作斗争，这是一场持久的战斗"。

为了打赢这场持久战，平台治理部应运而生，全面负责集团商品管理、信用体系升级、平台规则完善、知识产权保护等事宜。

郑俊芳本是财务出身，此前从未做过与打假相关的工作，因此，很多人都想不明白，在高手云集的阿里巴巴高层中，为什么马云会点名让她来担任这支"打假特种部队"的负责人？其实，面对这个突如其来的任命，郑俊芳自己也很惊讶。她做梦也没有想到，一直以为会在财务专业路上做到退休的自己，有一天会与造假、刷单、炒信、侵权这些"黑灰"产业扯上关系。

不过转念一想，她就理解了马云的深意，知道马云对自己寄予的厚望，更觉得这是一份沉甸甸的信任，"因为我知道这件事对我们公司意味着什么，有多重要"。

2016年初，在阿里巴巴打假团队誓师大会上，马云亲临现场，对着300多名员工喊话：

> 我们今天不是启动一个打假阿里队，而是启动一个打假中国队。衡量你们最终是否胜利，就看你们能不能让售假的人无处可逃，没有生存空间。假货最大的伤害是对整个中国社会的伤害。我们绝不能让自己的孩子和下一代以为，你不诚信、你抄袭别人，你剽窃别人的想法，你依旧能够发财。任何时候，问题越大，责任越大，机遇越大，阿里要做的是大家的国家队。互联网就是中国社会的镜子，淘宝就是中国制造的镜子。哪怕是关闭了淘宝，假货照样存在。打假，不是把这些卖假货、剽窃知识产权的人从淘宝赶出去就行了，如果把他们赶到京东、微店，绝对不等于成功，必须要让这些人在京东、微店平台也无法生存。

为了实现马云所说的"让售假的人无处可逃"，走马上任后，郑俊芳便开始在这个完全陌生的领域边摸索边前行，没过多久，这位自称是打假界"菜鸟、外行"的女子，就得出了自己独特的领悟：

> 外行领导内行，不见得是不正确的选择，只要尊重内行就行了。外行的好处是不会有过去思路的局限性，我们面临的挑战足够大，足够复杂，思考不能有局限性，因此我可以在尊重专业的基础上，把外行人的非局限性跟内行人的专业性混合起来。

"师太"平时温柔和蔼，但一旦工作起来，却是风风火火，极其有原则性，一旦被碰到底线，非常决绝。对假货和售假者，她更是从来不会心慈手软，有时甚至不惜采取雷霆手段，"有的时候心特别软，但是面对恶的时候，别人觉得我六亲不认，心特别硬那种"。

而且，做财务出身的她非常较真，她曾直言：

> 做财务出身的人有一个特征，非常较真，你要让我做一件事，我希望认认真真地做。所以没什么是我不敢下手的。

或许，马云看上的正是她身上的这种较真精神，毕竟，打假这样的工作，没有一股较真的劲儿，是做不来的。

第二节 对假货"杀无赦、斩立决"

在工作上，郑俊芳完全对得起"灭绝师太"这个称号。

虽然马云和张勇都没有给郑俊芳下达过什么目标指令，但郑俊芳却给自己设定了一个要求，那就是要提升满意度。从上任伊始，她就希望，以后平台治理部能够快速解决的问题，是提升消费者的满意度："对于信誉好的用户，我们今年也推出很多服务，比如先行赔付，我们会让消费者先得到满意的体验，一旦发现有投诉集中的商品、商家，我们会组织定期抽检，有问题就马上处罚，绝不手软。"

对于种种售假现象，她执行得更是如"灭绝师太"那般"出狠手、杀无赦、斩立决"。她曾说"没有什么是我不敢下手的"。

从财务到平台治理，郑俊芳坚持用从事财务工作时形成的"严谨"来做事。从当上平台治理部负责人的第一天开始，她就一遍一遍地梳理、沟通、整合工作，带领自己的团队对打击假货、网购恶意行为、炒信、知识产权保护、反侵权斗争等一个个难题进行认真而深入的讨论。

最令郑俊芳无法容忍的，是刷单问题。2015 年，有一个大学生在上学之余尝试创业，看到淘宝平台模式不错，就想在淘宝生态上做生意。但这个孩子却误入歧途：他拿着家长给的学费做起了炒信生意，其实就是刷单炒作信用，没有多久就被人以炒信的名义骗走了 6000 多元，而这事还和淘宝平台本身没有任何关系，即便是报案也无从查起。郑俊芳知道这个事情后非常生气，专门找到这个孩子对他进行了严厉的批评，在她看来这是没有底线的事情。当然，批评归批评，郑俊芳不忍孩子因为没钱交学费而辍学，最终给这个孩子补上了被骗走的钱，并告诫这个孩子创业一定要走正路。

这件事情深深地触动了郑俊芳，刷单成了她重点整治的项目。仅仅一个月内，她就对涉嫌刷单的22万多个卖家处以"降权"的处罚，"降权"意味着这些店铺完全得不到展示机会，与卖家被降权同步处理的是39万多个相关刷单的商品也被降权，与之相关的销量也被清零处理。同时，封了有严重刷单行为的6000多家店，对1万多个卖家处以不同程度的扣分处罚。

此外，在团队正式成立之后的一年里，她还组织了10万余次"神秘抽检"，主动撤下超过3.8亿个产品页面，关掉18万家违规淘宝店铺，用大数据和互联网方式以及雷霆手段"秋风扫落叶"般清扫售假行为。

这一连串举动，不知道得罪了多少商家。但郑俊芳有自己的坚持：

> 过去一年我们打掉的品牌里，有各种各样的人通过各种关系来找我，但我们不能留任何后门，不开任何口子。第一，也是永远不变的是，消费者是我们的客户，我们所做的一切永远都要围绕着消费者的体验；第二个层面，除了合法合规，哪怕权利人没有要求，我也要做，因为我真心觉得，这是我们需要承担的社会责任。

虽然整个阿里巴巴在打假上的配备是2000多人的专职打假人员和逾10亿元的年投入，还有一万多名"小二"参与其中，但只靠一家企业的单打独斗是远远不够的。因此，郑俊芳还在线下与执法部门密切合作，2016年，平台治理部向公安机关提供线索1184条，协助警方抓获犯罪嫌疑人880名，捣毁涉假窝点1419个，破获案件涉案总金额超30亿元。虽然排查出的销售额远大于起刑点（5万元）的4495个制售假线索中，最后能够确认已经有刑事判决结果的仅33例，比例仅为0.7%，在数据上有点儿尴尬，但是，郑俊芳对此却很坦然：

> 刚接手平台治理部的时候，大家对你的期望值真的是很高。虽然我们原来在业务互动的过程中都会参与，而当自己真正从财务的世界一下子跳进假货、知识产权保护、炒信等世界去进行深度了解时，感觉真的不同，所以现在一定要以平和的心态去看待这些问题。无论是自己也好，阿里也罢，我们是人不是神。

郑俊芳也一直在思考如何才能更有效地打假。在她看来，假货是社会毒瘤，难以根治的原因在于源头屡禁不绝。无论是线上还是线下，都只不过是假货的销售渠道。所以她还尝试两手抓：一方面是"堵"，坚决打击假货，不仅网上清除，更从网络大数据去发现假货源头，并把这种能力输出给社会，推动进行线下打击、源头治理；另一方面是"疏"，推动"中国质造"这样的原创产业。

> 如果今天你的产品有质量但没有品牌，阿里提供足够的流量，扶持你做品牌，但决不允许你侵犯别人的知识产权！

如果说郑俊芳在打假上没有什么是不敢下手的，那么，在言论上，她也是没有什么不敢说的。2015年年底，在接受采访时，郑俊芳公开炮轰京东，她说："阿里不会像京东那样一味回避'假货'的问题，掩耳盗铃不解决问题，更不能把消费者当作可以愚弄的对象。相反，我的团队经常会在刘强东放言'京东无假货'新闻的评论里，通过消费者的反馈去找寻制假集团的线索。"

当被问及如何看待"京东表示管理不好C2C，所以关掉拍拍"这个问题时，郑俊芳更是直言不讳："我认为这种舆论乍一看是在攻击淘宝，但更深层次的是京东这一类不负责任的言论是对数百万辛苦创业的个人市场创业者的污蔑，是对竞争对手的攻击，试图掩盖自己商业上的无能。在我看来，如果一味地掩耳盗铃来回避问题，关掉拍拍应该只是个开始，常年巨额亏损并大量占用供应商资金带来的噩梦还在后面呢！"

郑俊芳的这番言论是否客观，我们不去评价，不过，单就她如此快言快语以及手起刀落间毫不留情这一点，"灭绝师太"的花名绝不是浪得虚名！

第三节 因为相信，所以坚持

有人用"壮士断腕"来比喻阿里巴巴打假——"制假售假的中小企业主是阿里巴巴的半壁江山，他们怎么可能断了自己财路呢？"但郑俊芳却用自己的实际行动证明，在打假这条路上，阿里巴巴会越走越远。

2017年1月，郑俊芳牵头成立了阿里巴巴打假联盟（AACA）。

在打假这件事上，郑俊芳一直希望自己的团队能更激进、更大胆。她在平台治理部门成立了一支"打假特战队"，队伍也一直在不停地招人，一部分跟更多省市的公安联动起来，一部分则跟工商合作。

不过，残酷的现实也摆在眼前。虽然投入了大量的人力、物力与财力，然而，由于企业没有执法权，郑俊芳能做的最多是发现问题、下架商品、全网清退、记录在案、永不允许入驻，然后向执法机关报送线索，然后等待处理，而立案、进入司法程序和量刑判决的过程更是漫长、艰难，最终受到应有刑事处罚的犯罪分子少之又少。而制假源头不灭，假货依然会如同雾霾一样从四面八方袭来，线下假货源源不断地从小作坊、黑工厂中产出，阿里巴巴只能持续不断投入大量人力、物力、财力以识别拦截假货。

郑俊芳一直认为，没有执法权、商家违法成本不高，是阿里打假乃至所有电商平台面临的最大的困难。她说："就像卖白粉的人，他也知道是犯法的，但是收益太高，还是会去做，但是因为违法成本高，就算打不尽，也只有极少数的人敢去做。目前对于制假售假来说，收益足够高，成本还不够高，我们应该把他的成本提高到足够高。"

阿里巴巴打假联盟正是郑俊芳为提高制假售假成本而做出的一个努力。这个联盟是世界上第一个由电商平台与品牌方共同发起的"打假联盟"，首批成员有宝洁、路易威登、玛氏、阿迪达斯、苏泊尔、小米等全球 30 个知名品牌权利人，它致力于通过线上线下打假协作，依托大数据和互联网技术，与监管部门、品牌商携手合作，"穷尽一切手段、掘地三尺，由线上到线下，力争拔掉假货源头"。

2017 年 4 月，30 家全球品牌作为联盟成员首次集体亮相，发布了一份《联合公报》，明确提出以"让假货无处藏身"为使命，借助全天候运行的大数据电子平台，将分散在各地各时区的打假主体统合起来，打破各自为政的旧有业态，共建一个全球 24 小时无时差打假共同体，建立打假新模式。这也是迄今为止世界范围内首份聚焦打假议题的《联合公报》。

作为打假联盟的发起人，郑俊芳颇有感慨：

> 假货是人类社会的顽疾，打假是跟人性黑暗面的持久战，阿里巴巴愿意贡献 10 余年的打假经验与全世界的有识之士战斗在一起，以数据技术下的新模型为驱动，共同打击假货侵权，为改变整个社会的生态而努力。

打假联盟成立后，为了让打假更有力、更高效、更透明，阿里在线上打假方面进行了多方面的探索，比如阿里巴巴平台持续提供大数据和技术支持、开放并持续推动各方合作的打假生态、对联盟会员提供阿里巴巴的优先服务、邀请联盟会员参与阿里巴巴相关政策的制定与调整等。

经过持之不懈的努力，在短短几年的时间里，阿里巴巴打假联盟就将打假变成了执法机关、品牌权利人等多方参与的"全社会共同的事"。郑俊芳不只是在治理线上的假货，更是在联动执法机关等一切社会资源，帮助品牌挖掘线下假货源头，做品牌方以往难以做到的事。打假从此不再是所谓的"负向"业务，而是可以像商业创造一样，成为阿里巴巴赋能品牌和商家的重要力量。

阿里巴巴打假联盟取得的成绩和影响力也吸引着越来越多的知名品牌加入这个大家庭，共同参与到打假社会共治的行列中。来自全球16个国家地区、超过100个品牌相继加入，覆盖奢侈品、日化护理、服饰鞋类、烟酒等12个行业板块，其中美洲、欧洲、中国成员均超过30位。

辛苦忙碌的付出，终于得到认可。

因为在打假方面做出的卓越贡献，2016年12月21日，2016"质量之光"年度质量盛典在人民大会堂举行，郑俊芳获封年度"质量人物"奖。这是在质量领域一年一度标杆性的奖项。

2017年2月28日，由武汉大学发起的"中国好质量奖"评委会，经过审慎评估，决定把年度最高荣耀"质量公民"奖项授予郑俊芳，这也是我国唯一一个由学术界评出的质量领域专业奖项。

2018年，在《人物》杂志的年度面孔评选中，郑俊芳又获选"年度创变面孔"。

在颁奖现场，郑俊芳说，是女性特有的温和又偏执的力量，让她和团队带领阿里平台治理部走向了新的时代。

郑俊芳说："女人和男人相比，最终可能都会成功，但出发点是非常不一样的。女人是更用心在感受。男人会说，因为我想成功所以努力，但女人通常会说，因为我爱所以才要去做。"

她所认为的女性力量的另一面，是柔软又偏执，"认准的必须做的事儿，我一定会很偏执地坚持"。而在此过程中，女性更愿意敞开心扉聆听别人的建议，这样的特质会让女性在实现目标的过程中，能够吸纳更多的营养。

"我做这些事儿是因为我相信它的意义。"郑俊芳说。她认为自己现在所从事的工作，其价值不只是对阿里巴巴，不只是对电子商务，也是对中国未来在世界舞台的形象在做建设。

　　有的人说，你们都被马云给洗脑了，其实很难说是被洗脑了，还是物以类聚。我们这个团队，包括我自己，追求什么？我们追求的就是借助阿里巴巴这个平台，追求我们的一点儿理想，我们的理想是什么？等我们退休的时候，我们想想，因为我们在这个平台，我们为整个中国经济的发展做出了一点点贡献，这就是我们追求的东西。

"因为相信，所以坚持"，这就是郑俊芳。她相信自己的选择，更相信阿里巴巴的价值观，所以在打假这条漫漫长路上，她才会披荆斩棘，一往无前。

　　为什么我遇到各种变化，但是我自己都做得挺 High 的？我自己觉得，我对阿里的一个价值观"拥抱变化"有一个特别土的理解——那就是当你来到阿里时，是爱上了这个公司和平台，而不是爱上了今天你应聘的某个职位，这就像你嫁一个人的时候，你爱上的是一个人，不应该是爱上他有这个房子。当你像爱上一个人一样爱上这个公司的时候，所有的变化你都会觉得，像婚姻一样，要和他一起经历这个风雨，这是一个过程而已，你就不会纠结，因为你既然喜欢这个平台，所有的变化应该和他一起去经历，最终走向你们想要的那个方向。

当然，她更相信的是，自己现在所做的事，即使在多年之后回过头去看，也会令自己自豪不已。

第四节 心存敬畏，捍卫安全生命线

如果把互联网比喻成一幅五彩斑斓的图画，那么，网购、社交、送餐、出行等诸多互联网服务呈现出的是各种各样缤纷的色彩，它们与我们的生活密切相关，使我们的生活变得更加便捷、舒适。然而，就像每条道路都需设置安全线一样，在让生活更加美好的同时，互联网自身也需要建立起强大的防护能力，从而保障服务和所有用户的安全。

在过去的 20 多年里，阿里巴巴逐渐构建起了包括新零售、云计算、大文娱、智慧物流等在内的庞大而复杂的生态体系，为数以亿计的用户提供服务，与此同时，它们对于安全的探索也没有一刻停息。

每天，在阿里巴巴的生态系统里，都有数不胜数的黑客通过数千万次的恶意访问寻找其安全漏洞，网络"黑灰产"通过爬虫发起 17 亿次的恶意访问，试图窃取数据，仅在淘宝平台，每天的恶意尝试登录就有近 400 万次。

这些攻击，日复一日地发生着。

面对海量、复杂的攻击，阿里巴巴防住了。

在这场与"黑灰产"的搏斗中，郑俊芳也发挥了不可忽视的作用。

2017 年 12 月，郑俊芳又接到了新的任务——出任阿里巴巴集团首席风险官，同时掌管平台治理部和安全部两个部门。

从打击假货到打击"黑灰产"，从保护知识产权到保护平台及合作伙伴的信息安全，郑俊芳面对的是全新的角色、全新的使命、全新的挑战，这一次，她仍然没有退缩。

很多人或许并不了解"黑灰产"，所谓"黑灰产"，就是黑色、灰色两条产业链的统称。

国家互联网应急中心对"黑产"的范围进行了界定，包括三类：一是发动涉嫌拒绝服务式攻击的黑客团伙；二是盗取个人信息和财产账号的盗号团伙；三是针对金融、政府类网站的仿冒制作团伙。而"灰产"范围更大，比如恶意注册和虚假认证等，往往为"黑产"行为提供辅助，本身没有直接产生危害后果，却游走在法律边缘，很多"灰产"的从业者根本不认为自己的行为违法。

这些"黑灰产"团队既有短短几秒钟薅掉千万元的雄心，也从不放过一分钱。有一次，警方打击了一个"黑灰产"团伙，在现场除了查获无数酒、手机，还搜到了满满一房间的卫生纸，令人大开眼界。还有一种"人肉黄牛"，专门盯住注册新用户的优惠券和"首单立减"。他们在全国范围招募"时薪90元的兼职"，数万人充当"黄牛"，每天从早上8点干到晚上6点，获利颇丰。

在2018年8月的网络安全生态峰会上，阿里巴巴联合《南方都市报》曾共同发布了《2018网络"黑灰产"治理研究报告》。根据这份报告的不完全统计，从2015年开始，互联网"黑灰产业"从业人员就已经超过40万。2017年我国网络安全产业规模为450多亿元，而"黑灰产业"已达近千亿元规模。阿里安全归零实验室统计，2017年4月至12月共观测到电信诈骗数十万起，案发资金损失过亿元，涉及受害人员数万人，电信诈骗案件居高不下，规模化不断升级，国内全年因垃圾短信、诈骗信息、个人信息泄露等造成的经济损失估算达915亿元。2018年，活跃的专业技术"黑灰产"平台多达数百个。除了个人，一些不注重数据安全防护的企业公司，也容易成为"黑灰产"团伙盯上的"肥肉"。

郑俊芳一直认为，数字经济时代，安全是繁荣的前提，是一切创新创造的根本。她在多个公开场合都曾经提到过：

安全始终是阿里巴巴的生命线，阿里人对安全时刻都保持敬畏之心，让自己更努力、让技术更进步、让模型更智能。

为了捍卫安全生命线，对"黑灰产"，郑俊芳再次亮剑。

一组数据足以让人看到她的决心：2017 年至 2018 年 8 月，郑俊芳领导的阿里巴巴安全部配合全国各地执法机关破获各类涉"黑灰产"案件多达 8022 起，公安机关抓获千余"黑灰产"犯罪团伙，共 6799 名犯罪嫌疑人。

郑俊芳曾提出过一个精辟的论点：安全的实质，到最后就是成本的博弈。因此，她采取了各种手段提高"黑灰产"的犯罪成本。对"黑灰产"来说，也要评估自身的成本收益，所以违法成本是非常重要的。正因为如此，阿里巴巴安全部会做一些"第一案"，背后的核心就是：通过"第一案"，对于新生的"黑灰产"定性提供一定的参考，也是弥补互联网经济时代相关法规不一定能及时跟上的缺陷。当然，更重要的是，郑俊芳希望通过推进法制环境，"在整个跟'灰黑产'博弈的过程中，让'黑灰产'的成本大幅提升"。

除了提高犯罪成本，阿里巴巴还建立了一套完整的实践机制与理念，比如推出数据安全合作伙伴计划、成立数据安全研究院，这些都是阿里巴巴在发展数字经济过程中，重视保护数据安全的典型、创新实践案例，"阿里也在探索更创新的理念、技术、机制，比如说，将信用机制引入数字经济时代的网络安全治理中"。

当然，如果把对垒只看作是阿里巴巴一家企业和一个团伙的博弈，那就太简单了。在她看来，面对网络"黑灰产"，所有人都不能独善其身，各相关部门、企业、有关人士应该共建安全防线。因此，郑俊芳一直在做的一件事是：联合共建。

2018 年 8 月，由中国信息通信研究院组织、阿里安全钱盾反诈实验室牵头，中国信息通信研究院、码号服务推进组、阿里通信等一起参与共建恶意号码共享平台。其中一项工作就是，通过共享平台向安全厂商以及标记企业共享恶意号码信息，通过共同快速提醒来保护广大互联网用户。

2018 年 2 月，阿里巴巴的老对手微信在一封公开信中感谢了阿里安全团队——"感谢阿里团队及时提交和反馈漏洞"。这个漏洞是阿里安全猎户座实验室和潘多拉实验室发现的"微信克隆漏洞"：对方只需发一条消息就可以完整克隆受害者的微信账号，并实现微信钱包支付和窃取隐私信息的操控。阿里在第一时间告诉了腾讯和国家信息安全漏洞库。

2018 年 8 月，新浪微博 CEO 王高飞转发了一条新闻——《瑞智华胜涉窃取 30 亿条个人信息：非法牟利超千万》，他感慨终于不用为微博上的"自动关注无关账号"背负千万网友的骂名了，"终于有人管了"。这背后，也是阿里安全八大实验室的助攻：他们发现几个用户会自动添加陌生人，怀疑个人隐私被泄露，便推送线索并协助警方顺藤摸瓜，揪出了这家公司，从而挖出了更大的"黑灰产"——利用访问用户 cookies 的权限，操作微博、微信、抖音的自动关注、刷量、网页出现弹窗。几乎所有的互联网公司都在这家公司的名单之上。

这才是真正的博弈。

"今天你会发现，我们不仅仅解决阿里的安全问题了，其实我们参与解决了许多社会问题。"因为郑俊芳和她的团队的努力，越来越多的人开始关注起"黑灰产"，越来越多社会力量的参与使得这一场正义之战的回报越来越丰厚。

尽管如此，郑俊芳仍然认为，安全创新还有很长的路要走。

不管我们的技术和理念发展到什么程度，不管我们认为自己设计得有多完美，我认为，在数字经济来临之际，我们的安全创新还远没有准备好。面对未来，我们的思考模式与下一代人是不同的，我们需要用不同的思维方式，去面对未来的安全挑战。

郑俊芳率领着阿里巴巴的安全部队，一直在不断探索安全技术以及世界级的安全风险防御体系，以保护阿里巴巴各大平台上的消费者和整个生态伙伴的安全。正因为如此，消费者点开商品链接、加入购物车、付款、交易的每一个简单动作，都是安全的、有保障的。

这道数千阿里安全人用一砖一瓦搭建起来的安全线，令郑俊芳引以为傲，但她深知，这世上没有绝对的安全。因此，每一天每一刻，她都保持着敬畏之心，尽自己的最大努力保护这个全球最大的电子商务平台，保护更多的消费者。

第九章

感性而活：柔软的心最有力量

都说女人是"感性动物"，与男人相比，女人的思维是感性的，感情更是丰富又细腻。这些与生俱来的特质，赋予了女性敏锐的感知力，使女性更善于体察别人的情绪，懂得站在对方的角度考虑问题，了解别人的需要。阿里女将们正是因为善于利用女性的这种优势，才能活出自由自在的人生。

第一节 温柔是最温暖的力量

阿里巴巴的女将们大都雷厉风行，颇有杀伐决断之风，但在职场上，她们也不乏温柔、细腻、富于情感的一面。

2008年，戴珊被调到淘宝主管人力资源部，与当时的淘宝网CEO兼总裁陆兆禧搭档。以前从来没有做过人力资源工作的她，做事完全是凭着感觉走，也因为是一线出身的缘故，她喜欢与人交流，因此，在刚上任的两周里，她几乎跟陆兆禧及很多一线的员工都进行了一轮交流，每人至少两三个小时。

在交流的过程中，戴珊发现，陆兆禧与他的下属之间似乎有一层若隐若现的隔膜，这使他不能很好地融入这个团队中。当时的陆兆禧是在淘宝原来的CEO孙彤宇离职后紧急接手淘宝的，因此，出现这样的情况，其实并不稀奇。不过，戴珊却看在眼里，记在了心里，她想，自己有义务帮陆兆禧打破这层隔膜。

这之后不久发生的一件事，更让她坚定了自己的想法。有一天下午，戴珊去陆兆禧办公室，走到门口，看到阳光照在他的办公桌上，他一个人坐在那里眉头紧皱，很严肃。而办公室外面，员工们说说笑笑，非常热闹。那一刻，她突然觉得陆兆禧这个CEO实在是太孤独了。

于是，在汇报完自己的工作之后，她又问了陆兆禧很多私人问题，希望通过这种方式来拉近彼此的距离。通过交谈，她发现，陆兆禧从来都是自己一个人吃饭，平时也不会跟别人去喝酒，因为他太忙，而且，只有开会的时候才有人来找他，其他时候大家都不敢轻易来打扰他。

她决定帮陆兆禧改变这种局面。从那之后，她开始频繁找陆兆禧聊天，连私人话题都聊，就想了解他到底是怎样的一个人，帮他"破冰"。

后来，趁着淘宝团队在良渚开会的机会，戴珊还找了一天晚上开了一个"裸心会"。"裸心会"是阿里巴巴的一个传统活动，就是所有人把自己的内心放开，用自己心中最真实的东西在团队里做互动。戴珊希望通过这种方式打破陆兆禧心中的坚冰。

她拉着大伙去喝酒，在饭店的包厢里，所有人围了一圈，一边喝酒一边谈心。一开始，大家都放不开，更没有人说关于陆兆禧的事情。为了达到效果，戴珊点名让团队中出了名的直肠子"一灯"来发言。"一灯"果然坦诚地说出了陆兆禧的种种问题，说他作为 CEO 缺乏远见，做决定过于偏激，作为销售出身，根本不懂产品，等等。陆兆禧耐心听完，说"有道理"。打开话题后，越来越多的人开始"吐槽"陆兆禧，陆兆禧一直默默地听着，没有反驳。

"裸心会"快要结束的时候，戴珊让听了一晚上苦水的陆兆禧也来讲讲自己的故事。打开心扉的陆兆禧，把为什么从支付宝来淘宝到他的难处在哪里，都毫无保留地讲了出来。这是他第一次与下属们坦诚地交流。

那场会议一直到凌晨两三点，会议之后，戴珊发现，"他（陆兆禧）和员工之间的融合有了很大的改善"。

老子在《道德经》中说："天下莫柔于水，而攻坚强者莫之能胜。"老子把水的柔弱称为水的德行，善于滋润万物，又不与万物相争，主张"柔能克刚"。女人天生具有像水一样的"温柔力量"，她们拥有敏锐的感知力，善于体察别人的情绪。这种"温柔的力量"运用到企业管理中，往往表现为女性领导者更善于站在他人的立场和角度去考虑问题，了解别人的需要，而不是用强势的力量去驾驭他人。

女人如水，既能如春雨一般"润物细无声"，也能在持久的努力下穿透一切。戴珊正是因为利用了自身的这种优势，融化了无数阿里人心中的坚冰。

她的心是柔软的，也是最有力量的。

第二节 直面错误，才能走得更远

在彭蕾的职业生涯中，曾经有过无数艰难时刻，但最让她辗转反侧的，是支付宝"圈子事件"。

在与微信的竞争中，支付宝一直高调拓展"社交链"，通过赞助央视春晚、集五福等方式，力图吸引更多新用户，但是效果却并不理想。痛定思痛之后，支付宝明晰了自己的"社交"定位与特色，即注重场景化"社交链"的营造。

于是，2016年11月24日，支付宝9.9.7版本推出了一个全新的功能——"圈子"。支付宝会根据不同人群特征"邀请进入生活圈"，近百个圈子随之上线，覆盖的领域包括金融类的股票、基金、保险，母婴类的孕期妈妈、婴幼儿，兴趣类的同城宠物、跑步、健身、读书、游戏、动漫、数码，以及海外的华人圈等。

其中，最火的莫过于"校园日记""生活在海外"和"白领日记"圈子。在这三个圈子里，"校园日记"只允许在校女大学生发帖，"生活在海外"只允许海外女性发帖，"白领日记"只允许职场女性发帖，也就是说这三个圈子更鼓励女性用户发帖，男性用户则只能赞赏和评论。如果没有被系统邀请的"圈外人"想要评论圈子里的动态消息，则要满足芝麻信用分750分以上的条件。

但是实际上，这些圈子真正的运营者并非支付宝，而是与其合作的各个母婴商户、健身机构、理财机构、宠物店等，支付宝只提供基本的技术支持与创新。虽然支付宝一直强调如果有不良事件，他们会第一时间检测出来，保证圈子的良性发展，然而，让彭蕾始料未及的是，圈子功能刚刚被市场追捧时，"校园日记""白领日记"等圈子里突然出现了大量低俗、大尺度的照片，通过打擦边球的形式获取更多打赏。

在短短几天的时间里，这个事件迅速发酵，成为网络热点，有人围观，有人吐槽，更有人对支付宝进行严厉的声讨。就连新华社都发文称，个别圈子流出大尺度照片，反映出运营者和支付宝的监管不力。

事情传到了马云的耳朵里，他马上给支付宝的管理层打电话，但都没有打通，当时，彭蕾和蚂蚁金服的 22 位高管正飞往美国旧金山。

飞机落地后，彭蕾一打开手机，就收到了铺天盖地的负面信息。在酒店吃完晚饭，一向不抽烟的彭蕾找了根烟抽起来。

当天晚上，彭蕾发出一篇《错了就是错了》的内部公开信：

> 过去的这两天，是我到支付宝七年以来，最难过的时刻。
>
> 我们经历过许多困难的时刻，但从没有任何一件事，如这次一样如此深地刺痛我。
>
> 在此我向所有热爱阿里、热爱支付宝、一直坚信并践行阿里价值观的同事道歉！向所有信任且陪伴支付宝的用户、合作伙伴道歉！
>
> 有心也好，无意也罢，"'校园日记'事件"伤害了大家的感情，也会令一直热爱并坚信阿里文化的同事产生怀疑。我们要向数亿用户传递什么信号？！我们到底要什么？！我们终究去哪里？！在所谓的用户活跃度面前可以不择手段无节操？
>
> 是的，我们有很多理由。作为日活跃用户数量超过一亿的应用，我们必须努力不断完善自己，必须努力转型才能跟上形势。
>
> 但从最初"你敢付我敢赔"的支付宝，立誓让"天下无贼"的支付宝，告诫自己也告诉用户"知托付"的支付宝，我们一直如同看护自己生命一般看护的支付宝，今天被冠以各种污名，何忍卒睹？

是的，我们可以说，那么多圈子，为什么独独这事被不依不饶无限放大？背后定有所谓的"幕后推手"。果真如此？

我们在选择做这事的时候，在确定运营规则的时候，在对可能产生的不良影响做判断的时候，难道不曾迷失方向？难道不曾存有哪怕一丝丝的侥幸心理？打打擦边球无伤大雅？谁谁谁当初也如何如何？

却独独忘了，我们是"知托付"的支付宝，是承载了数亿用户信任的支付宝，在普惠金融使命下，有那么多更具价值更有意义的事需要去实现的支付宝。

支付宝是否需要转型？这已是一个不需要再回答的问题。"圈子"是不是个好产品？当然它是。

支付宝的实名用户、风控体系、大数据能力，以及我们引以为傲无比珍惜的信用体系，可以令更多美好且正能量的事情发生。那么多同一兴趣的人，有许多共同语言和爱好可以在透明可信的环境里彼此分享取经求助，实现"独乐乐不如众乐乐"的美好体验。是的，我们也有许多这样的圈子，理财、宠物、健身、育儿。

但为何，我们也同时选择了这样一种类型的圈子？它到底创造了什么了不得的用户价值和美好体验？人跟人之间真需要以这样的方式"赤裸相见"？类似这样的问题，我们需要无时无刻拷问自己，任何掩耳盗铃、自欺欺人都只是自掘坟墓。

感谢公司内外从理性角度分析帮忙出主意的人。

更感恩所有刺耳戳心的声音。爱之深责之切。不经历这样的刺痛，不经历苦心经营的品牌也许不慎毁于一旦的痛苦，我们还浑然不知，自以为是地在错误的道路越跑越远。

最后：

1. 所有打擦边球嫌疑的"圈子"立刻解散。

2. 恶意发布突破底线图片的用户永久封号并永久不能注册。

3. 团队内部讨论整顿。想清楚并写下来，我们要什么不要什么，严格执行。

4.请大家继续鞭笞。

彭蕾没有叫屈，也没有撇清责任，她深知，此刻越为支付宝"洗白"，越不能被大众接受。事实上，她也不打算为支付宝辩解什么，因为无论事件产生的原因是什么，事件本身就已经严重违背了支付宝一直坚守的初心和使命。

至今，彭蕾还是觉得"很受伤"：

> 价值观一点儿都不虚，你的言行举止、很多细节里面，都是价值观。价值观永远不可能100分，但是这个努力的过程你可以做到100分，甚至120分。

为了让整个团队充分认识到此事的严重性，彭蕾中断了既定的硅谷考察行程，在美国就地开会反思。回国前一晚，彭蕾再次召开高层反思会，在与蚂蚁金服的高管们进行多次讨论后，彭蕾决定"认怂"，重新确定了支付宝的发展方向——从此以后支付宝不会再做社交，以全公司之力聚焦支付的主业务。

因为彭蕾的主动认错，"圈子事件"没有继续发酵，支付宝受到的负面影响被降到了最低。一场危机，就这样被彭蕾以女性的柔和与坦诚轻松化解。

马云非常欣赏彭蕾的处理方式，他在阿里巴巴内网说："阿里巴巴珍贵的是改正错误的勇气。支付宝，继续努力。阿里人，学习反思和自查。"

真正聪明的女人，都敢于主动认错。在2015年的全球女性创业者大会上，彭蕾说：

> 我觉得作为一个女性有时候感到蛮幸运的，因为男人相对来

讲活得比我们累一些，尤其是跨越面子这一关，比如说要让他承认这个事情做错了，要他认怂这件事情，其实很难的。但女人可以不用那么较劲，这件事情做错了，我们更容易承认它做错了，然后回头去复盘，看一下从中可以吸取的经验教训是什么。我自己的体会是真实、真诚，不要回避问题，你既然敢于当时那样说、那样做，你就要有勇气面对当时所做的一切。

彭蕾一直认为，女性要善于利用女性的特点，而不是成为女汉子，要有直觉，充分发挥感性的力量。

或许，正因为如此，她才能以退为进，使支付宝一路上遇到的无数纷争和矛盾消弭于无形。

第三节 不畏流言，率性做自己

彭蕾掌管阿里巴巴人力资源部十余年，无数阿里人的去留都掌握在她的手中。此前，坊间曾盛传一个关于彭蕾担任人力资源官期间的"铁娘子"传说。

彭蕾的丈夫孙彤宇也是阿里巴巴的"十八罗汉"之一，他在阿里巴巴的工号是"3"，仅次于马云和张瑛，在阿里巴巴历史上有着举足轻重的地位。他是淘宝的第一任 CEO，被称为"淘宝之父"。

2003 年，B2B 获得成功后，马云决定开建 C2C 的淘宝，因为这才是决定生死的关键。横刀立马的执行者正是"财神"孙彤宇。他只用了短短三年的时间就把淘宝网打造成中国第一大 C2C 网站。

当时，与如日中天的竞争对手易趣相比，淘宝的财力、技术、人才和资源都不足。那时的易趣刚刚拿到国际巨头 ebay 的巨额投资，淘宝挑战易趣被很多人形容为"蚍蜉撼大树"。eBay 的 CEO 惠特曼曾放言道，中国在线拍卖市场的战争会在 18 个月内结束。

做 C2C，线上的渠道是重中之重。财大气粗的易趣一掷千金，与新浪、搜狐、网易、TOM 等门户网站达成排他性的独家广告协议，淘宝的推广被全面封锁。要知道，那时候可是门户时代，大多数的网民、大多数流量掌握在门户网站手里。

为了使淘宝不至于死在襁褓之中，孙彤宇找到同在杭州的网易丁磊求助，却被拒绝了。无奈之下，孙彤宇只好咬牙带团队做推广。后来，他硬是靠"农村包围城市"的路线，从 BBS 等站点获取口碑和流量，再加上免除手续费等接地气的打法及解决信任问题的支付宝的推出，打赢了这场硬仗。

在当时的阿里巴巴，彭蕾和孙彤宇是一对令人艳羡的璧人。

2007年，淘宝网年销售规模达到400亿人民币，准备向1000亿迈进。在众多电子商务网站中，淘宝网已经一骑绝尘。正当孙彤宇意气风发之时，这一年的12月24日，阿里巴巴董事会的一则毫无预兆的人事任免决议送到了他面前：卸任淘宝网总裁一职，去海外商学院进修学习。

同一天，阿里巴巴集团董事局主席马云以内部邮件的方式宣布了高管轮休方案：淘宝网总裁孙彤宇、阿里巴巴集团COO李琪、阿里巴巴集团CTO吴炯、阿里巴巴集团资深副总裁李旭晖这四位高管进入了阿里巴巴的高层干部"轮岗学习"计划。其中，吴炯和李琪将分别于2008年1月1日及6月1日起辞任，孙彤宇与李旭晖于2008年3月1日辞任。

据知情人透露，当阿里巴巴集团高管宣布孙彤宇离职消息时，孙彤宇震惊不已，在接下来的发言的过程中更是难以自控，当众号啕大哭。

在淘宝的最后一天，孙彤宇给所有同事发送告别邮件，他称呼所有人为"我的战友，在一起拼杀的战友"。他没有从淘宝带出一个人，虽然当时有淘宝员工表示愿意跟他共进退。他给淘宝的管理团队开会，在会上提出要求，"在淘宝我还有一些目标没有达到，我希望你们帮我去实现"，其中最大的一个目标就是实现盈利。

孙彤宇的离去，不仅在阿里巴巴内部掀起了轩然大波，就是在整个互联网业界也搅起了千层浪。

有人认为，马云这样做是"杯酒释兵权"，说马云是害怕孙彤宇取代他，马云却用"扯淡"来回应：

> 我如果还活二三十年，我要做什么？想清楚这些以后我才把我的人换掉，等到60岁时我再换他们，孙彤宇他们五年十年后一定会恨我，但我比他们看得更透，我希望他们出去享受人生，理解生命、生活再回来。……孙彤宇要是能够取代我，我早就能够放手了。我今天真想找到一个人接替我。但这件事跟这个没关系。

> 每个人都有自己的能力，有自己的局限，有自己的生活的选择和去向。老孙到今天为止，我对他的欣赏，没有半点儿减弱，但是这是两个概念……每个人在什么环境下什么阶段做什么事情是关键的。我要铲除孙彤宇异己，那彭蕾还不弄死我，我们还怎么合作？

马云说是让孙彤宇去享受人生，理解了生命和生活再回来，然而，孙彤宇终究是没有再回去，多年以后，他成了天使投资人，投资了在电商领域异军突起的拼多多，而拼多多是业界公认的"淘宝掘墓人"。昔日并肩作战的战友，终究成了竞争对手。

关于孙彤宇的离职，传闻有很多，其中有一个流传最广的版本：作为人力资源官的彭蕾早就得知孙彤宇将被解任的消息，不过，她却一直咬紧牙关，始终没向丈夫提前透露，因此，当孙彤宇通过公司得知这个消息后，既痛心于公司的离弃，又对妻子的背叛深感失望，因此愤而离婚。而彭蕾则以超乎寻常的职业操守，获得了马云的进一步信任，从此被视为忠心不二之臣。

2013 年 1 月，马云宣布将于 5 月份辞去阿里巴巴集团 CEO 的职务，外界猜测彭蕾是最有可能的接班人之一。一时间流言四起，关于彭蕾与孙彤宇离婚的传言又被翻了出来，在坊间流传，成了无数人茶余饭后的谈资。

彭蕾一怒之下，写了一封内部邮件，针对一些江湖上的传闻，对支付宝的员工进行了解释：

> 马总辞任 CEO 邮件发出这些天，收到 N 多电话、短信、邮件，以及网上冒出的 N 多言之凿凿的"新闻"。原以为闹腾两天就消停了，现在看来还没完没了。既然躲不过，那就交代一下吧。至少不希望外界种种不靠谱的传闻误导我们的同事。
>
> 一、关于接任者
> 可能真的已经决定了，全世界都知道了，反正我是不知道。无论谁接任集团 CEO，我的任务都只有一个，帮助这个决定成为

最正确的决定。

有些小八卦顺便扫盲，我在杭州商学院上学，在财经学院当过四年老师，马总既不是我的老师，也不是学校同事。我加入阿里是因为 1997 年我和孙彤宇结婚，他要随马总北上创业，于是我从学校辞职入伙成了"随军家属"。

二、关于我的婚姻

淘宝网前任总裁孙彤宇是我丈夫，不是前夫。因为一些原因，我们曾经短暂离婚，但很快又复婚。离婚复婚本是我们的私事，与公司没半毛钱关系，但如今被演绎为一段大义灭亲的"传奇"。

孙彤宇是我最佩服的人之一，带着一帮人把淘宝网从无到有做起来。他有才华，有魅力，相信很多老淘宝人并没忘记财叔及他和团队一起创造的那段快乐激荡的历史。孙彤宇是高我两届的师兄，我们有很多共同的趣味，经历过婚姻的跌跌撞撞但仍然彼此欣赏，视对方为生命的一部分。他如今安安静静地做着一些自己喜欢的事。尽管我不断提醒自己要淡然面对，但我对接班人这事把他和我们的婚姻也牵扯进来感到愧疚而愤怒。

孙彤宇离开公司的原因这些年一直有诸多揣测，"阴谋论"甚多。每个人最终都会离开公司，离开的原因真那么重要吗？耳听为虚，眼见也未必为实，真相不是靠盲人摸象得出来的，一切交给时间吧，都洗洗睡吧。

三、关于长相

都怪我一直觉得马总五官虽不咋地，但凑一起就是气质独特、很有范儿。但长相这事吧，美也好，丑也罢，说到底就一句话，我长什么样关你屁事。

彭蕾的回应，率性而干脆，打破了之前的所有传闻，让流言蜚语彻底灰飞烟灭。

率性而活，对所有人，都不轻松，但彭蕾却做到了。在她随和、不争的外表之下，是一颗比谁都通透的心。她真诚地、坚定地、清醒地做自己，最终命运给了她丰厚的回报：活出自己的精彩人生。

第四节　懂得取舍，才是真智慧

马云的创业史，离不开无数女人的身影，然而，其中有一个女人是最特别的，她就是张瑛。有人这样形容张瑛和马云：如果说马云是一个爱做梦的人，那张瑛就是那个一直陪着马云做梦的人。

阿里巴巴成立后，张瑛也成为"十八罗汉"中的一员。进入阿里巴巴之后每个员工都会有属于自己的一个独特的员工编号，马云是"01"，张瑛则是"02"。

在创业初期漫长的苦日子里，张瑛一直任劳任怨。马云曾动情地说："这几年来，张瑛几乎没有自己的生活，没有朋友圈子，天天都在公司。"

在阿里巴巴的萌芽阶段，张瑛不但没有像一般女人习惯性地对马云进行无休止的质疑、抱怨，还用博大的胸怀，近乎没有底线地支持、包容甚至纵容眼前这个满口未来、狂热执着的男人，可以说，是她给在萌芽的阿里帝国这棵参天大树细心灌溉了第一瓢水。

湖畔花园时代，她负责阿里巴巴员工的后勤工作，总是在大家最需要的时候及时出现，使马云可以免去后顾之忧。在创业一筹莫展的时候，她还曾充当军师为马云出谋划策。随着阿里巴巴的不断发展壮大，张瑛一度做到了中国事业部总经理的位置，成为人人羡慕、人人敬仰的女强人。张瑛的理性遇上了马云的感性，为公司找到了一个最适合的平衡点。而她的宽忍和能干，搭配着马云的勇敢和锐气，也成为阿里巴巴一面无坚不摧的旗帜。

　　夫妻二人一同经营企业，原本是一桩美谈。但令人不解的是，在阿里巴巴走向巅峰之时，张瑛却突然隐退江湖，回归家庭，成为真正的马云背后的女人。

　　2004 年 9 月，阿里巴巴进行了一次大规模的人事调整，向更专业的方向迈进。其中，最重要的一个调整，就是张瑛从阿里巴巴中国事业部总经理的位子退下。

　　在员工大会上，当马云宣布张瑛退任时，场上的气氛顿时变得紧张起来，台下的许多员工竟然不约而同地哭了起来。当董事会否决和员工们一致抗议这个决定时，张瑛主动站出来说服大家，她说这不是马云一个人的意见，是她主动要求退出的。

　　事后，马云解释道："她认为公司到这个时候，让别人看见阿里巴巴 CEO 的妻子在公司里，不管你做得怎样，别人看你的眼光都会不一样。"

　　很多人推测，张瑛的退出，是阿里巴巴从创业型公司向经营型公司发展的一个重要举措。这或许是原因之一，但不是最重要的原因。真正令张瑛下定决心急流勇退的，是她的儿子。

　　马云和张瑛的儿子，可以说是阿里巴巴的"牺牲品"。多年以来，马云和张瑛一直忙于创业，无暇照顾儿子。张瑛曾经回忆："那时，我们家一挤就是 30 多号人开会，满屋子烟雾缭绕，像个毒气室，儿子关在房里不能出来。吃饭的时候跟我们一起吃工作餐，这样一来，儿子就长得越来越像他爸爸，瘦骨伶仃，像根火柴棍支起一个大脑袋。后来我们越来越忙，儿子 4 岁入托，一扔就是 5 天，周末才接回家来。"

　　孩子 10 多岁时，因为长时间没有人管教，竟然迷上了网络游戏，放学就一头钻进网吧，学习成绩大滑坡。一向冷静豁达的马云，因为儿子班主任的一通电话，急得差点儿跳起脚来。但这还不算什么，他们去接儿子回家，儿子不但不听，反而说："我不回家，我回来了也是一个人无聊，还不如待在网吧里！"

　　当天晚上，马云对张瑛说："我们家现在比阿里巴巴更需要你，你离开阿里巴巴，少的只是一份薪水，可你不回家，儿子将来变坏了，多少钱都拉不回来。"

马云的话触动了张瑛内心深处最柔软的那根弦，她知道，自己必须做出决断。为了儿子，也是为了丈夫更好地发展，张瑛毅然决然地放弃了自己的事业，回家相夫教子，把全部精力都放在了对孩子的照顾和教育上。

辞职回家的张瑛，把家中的各项事务料理得井井有条。有了她的陪伴和用心管教，儿子戒掉了网瘾，回到了正途上。

后来，张瑛曾经撰文讲述自己辞职后平淡而幸福的生活：

> 辞职回家的我每天早上做好早饭，和儿子一起吃，再开车送他去学校。接着，我马上去农贸市场买菜，回家以后两荤一素一汤地搭配好，配上餐后水果，用一个分成三层的小食盒装着，然后去儿子的学校门口等他中午放学。我辞职回家半年后，儿子的成绩在班上升了17个位置。班主任也说他不仅学习提高了，就连在班上的人缘都变好了，他越来越开朗、爱笑、宽容，从以前的内向学生变成了一个阳光少年！

> 我改变了儿子，儿子也在改变我。周末的时候，他会挽着我一起出去逛街。路过临海路的时候，给我推荐一家长裙专卖店。在我印象中，自从我进了阿里巴巴后，我就没穿过长裙了，我的衣橱里全都是白色、银灰或者黑色的职业套装，里面的裙子也都是直筒套裙，那样的裙子才符合我的身份。现在，我不必在乎这些了，我就是个居家的女人，我可以穿任何我想穿的衣服。儿子给我推荐了一条玫瑰红的丝绒长裙，上面斜斜地缀着一圈金色的流苏，一看就让人喜欢。我的衣着风格就此改变。有空的时候，我会去阿里巴巴看以前的同事，大家看我的眼神都充满惊讶，说我现在充满了女人味，显得比以前漂亮了许多。

对马云的照顾，张瑛也是无微不至。她知道马云是一个"人来疯"，跟人谈起事情来从来不知道累，甚至还异常兴奋，到人走后才知道累。所以，只要他开会开得晚，张瑛就会定时打电话催马云尽早结束。午饭时间，马云的办公室里还经常会传来他打电话的声音："……肉吃了两块，蒸蛋吃了一半，青菜吃了很多，正在吃水果……"

为了能让马云吃好饭，张瑛还把在家帮忙的娘家的两个亲戚派去学厨艺，他们现在的水平都足以在家接待"元首"了。金庸、吴小莉等名人来，马云经常在家招待，他们对"厨师"们的厨艺也是赞不绝口。

有一次，马云与雅虎公司 CEO 杨致远闲聊，杨致远问起了张瑛，马云说：

> 张瑛以前是我事业上的搭档，我有今天，她没有功劳也有苦劳，我也一直把她当作生产资料。但现在我觉得，作为太太，她更适合做生活资料……

这番话后来通过媒体传到了张瑛的耳朵里，听到马云把自己当作"资料"，张瑛不但没有计较，反而欣然接受：

> 也只有像他这样满脑子都是事业的男人，才会把自己的太太也当作资料。不过，当生活资料的日子并不坏，每个收获都值得让我再三品味。

有张瑛为马云守好大后方，马云的拼搏动力更加充沛了，从此之后，他毫无挂碍地带领着阿里巴巴开疆拓土，一路高歌。只用了短短几年，阿里巴巴就迅速成长为世界上最大的互联网公司之一。

2007 年，阿里巴巴 B2B 业务在香港上市，8 位主要股东名单中，没有张瑛的名字；

2014 年，被港股拒绝后的阿里巴巴转道美国上市，招股说明书中合伙人 28 位，同样没有张瑛；

2019 年 11 月 26 日，阿里巴巴如期"回家"，在香港交易所成功挂牌上市，38 名合伙人中，也没有张瑛。

然而，在阿里巴巴的成长历程中，张瑛无疑具有决定性的作用：如果没有孙正义，就没有马云；而如果没有张瑛，就没有阿里巴巴！马云在一次演讲中曾经说道："我在公司内部的代号是 M10，而 M11 是我的老板，她是我老婆。"在阿里巴巴员工的集体婚礼上，马云还说："在我们家，张瑛永远是排在第一位的。"

人们常说"每一个成功的男人背后都有一个伟大的女人"，之所以称其为"伟大"，是因为她们不怕牺牲，懂得取舍，勇敢果断。正如张瑛，在最苦的日子里默默陪伴，为创业耗尽全力；在最好的时光又功成身退，成全了马云。

第十章

向善而行：世界因女性而美好

　　马云在参加全球女性创业者大会时，曾经盛赞世界因女性而美好："谈起女性，我们往往会想到爱、温柔、善良、美丽等美好的词汇，但同时与女性的美好相对应的，还有忍耐、坚持、承受以及奉献和牺牲。我们往往关注了女性的外在，而忽略了女性的创造和贡献。世界因为女性而美好，世界因为女性而成其为世界。"而马云背后的那群女人们，用自己的实际行动证明了，爱能让这个世界变得更加温暖。

第一节 心中有大爱，才能创造奇迹

马云曾经说，女性的"爱商"无可取代。阿里巴巴的女将们不只拥有智商、情商，能在公司中独当一面，更拥有无可取代的爱商。

用双手托举生命的"最美妈妈"吴菊萍，就是其中最具代表性的例子。

2011年7月2日下午，吴菊萍像往常一样走在回家的路上。刚走到小区门口，就听到不远处有人在大喊大叫，一向热心肠的她急忙赶了过去。抬头一看，她惊呆了：一个2岁左右的女童挂在10楼窗口，刚开始露出一双脚，后来整个身子露了出来。楼下的几个人开始冲孩子大喊："孩子，别动啊。"两个保安跑了过来，站在楼下，不知道怎么办。这时，住在9楼的一个住户，搭了个梯子过去，尝试着把女孩救下来。可是，梯子实在是太短了，就在梯子刚伸到小女孩脚下的时候，小女孩突然掉了下去。

眼看一出悲剧即将上演，有人尖叫，有人闭上了眼睛，吴菊萍却做出了令人震惊的举动：她踢掉自己脚上的高跟鞋，一个箭步从人群中冲出，估摸着小女孩掉落的位置，勇敢地张开双臂，在小女孩快落地的一刹那，用左手臂硬生生接了小女孩一下。

只听到"砰"的一声，小女孩落在了楼下的草地上，吴菊萍也摔倒在地，小女孩正好压在了她的左手臂上。这时，在场所有人都不说话了，气氛静得可怕，过了一会儿，女孩终于"哇"的一声哭了出来，大家这才松了一口气。

正是因为有了吴菊萍奋不顾身的这一接，女孩稚嫩的生命才得以延续。但巨大的冲击力却使吴菊萍的手臂撞成了粉碎性骨折。她的主治医生、著名骨伤科专家金登峰在为她诊断之后大为感慨："她是冒着生命危险做这件好事的，如果孩子偏差一点点，落在她脖子上，她可能高位截瘫；落在头上，就可能当场死亡。我非常敬佩吴女士，这就是母亲的伟大！"

在短短几天的时间里，这惊险而感人的一幕不胫而走，各大网站、媒体、报纸争相刊载、转载，一时间，她被广大网友称为"最美妈妈""伟大的母亲"，她的双手，被网友称为"2011 年中国最有力的臂膀"。

"我是农村来的孩子，一直蛮普通的，没啥特别的。"面对纷至沓来的赞美，她一直谦虚地重复着这句话。她还说："我是个普通人，终究还要回到普通的生活中去。"

救人之前，吴菊萍是阿里巴巴一名默默无闻的普通员工，工作一直兢兢业业，休完产假回来上班才三四个月，就快速将状态调整回团队主力的位置，接连拿下三个月的绩效考核第一名，同时又拿到了品控质检部门 4 月、5 月的推动建议大奖。

她也是一个母亲，有一个刚刚 7 个月大的儿子，还没有断奶。因为治疗时要服用大量药物，医生建议她给孩子提前断奶。吴菊萍说："本想再喂一段时间，现在为了治伤不得不为孩子断奶了。""不过我没有后悔，毕竟我接住的是一条生命，现在最大的心愿是获救的孩子能够平平安安。"有同事跟她开玩笑："孩子长大后，这个故事对他来说很有意义的。人家问，你是怎么断奶的，他就可以跟人讲妈妈给我断奶的故事了。"

这件事发生之后，时任阿里巴巴 CEO 的陆兆禧特意来探望吴菊萍："我觉得你太强大了！反应又灵敏。"

吴菊萍却微笑着淡淡地说："纯属意外。"

陆兆禧又问："怎么会去接这个小女孩，有没想过会砸伤自己？"

吴菊萍很不好意思地说："当时没想那么多，我就觉得我应该接一下的。公司不是教育我们很傻很天真的嘛。"

"你知道自己伸手接下来多少斤？"陆兆禧问她。

"我不知道。一开始我根本没想过，我想想看应该不会很重吧，我想我应该能把她抱住的。"吴菊萍到现在也不知道这一伸手实际上接了多少斤的重量，她说："大家叫我'最美妈妈''英雄妈妈'，其实我只是一名普通的妈妈。那时候，我只想着要救那个孩子，这是人一种本能的反应。我想，如果是其他人，也会这样做的。"然而，就是这样一种本能，诠释了对生命的尊重和大爱，闪烁着人性的光辉。

同天，马云发了一条微博："二战后，孩子问：'爷爷，战争中你是英雄吗？'爷爷说：'我不是。但爷爷和一群英雄一起战斗过，共事过！'荣幸与吴同学共事七年，祝孩子和你早日康复。"

16世纪的英国诗人约翰·多恩曾在诗中写道：没有人是一座孤岛，可以自全。初为人母的吴菊萍，在那生死攸关的一瞬间，只是本能地去伸手救人。母性的大爱让她来不及思考，某种程度上，她是把那个小女孩当作自己的孩子，在不计后果地全力相救。

正如《感动中国》栏目组的颁奖词所说："危险裹胁生命呼啸而来，母性的天平容不得刹那摇摆。她挺身而出，接住生命，托住了'幼吾幼以及人之幼'的传统美德。她并不比我们高大，但那一刻，已经让我们仰望。"

因为吴菊萍，很多人再次把目光投向了阿里巴巴，他们好奇：朴实善良的吴菊萍，究竟来自一个怎样的企业？阿里巴巴，又到底有着怎样独特的价值观，影响塑造了在其间工作的员工？

阿里巴巴人却给出了自己的回答：因为我们身上都有一股"阿里味"！

所谓的"阿里味"，就是阿里巴巴人特有的价值观，精髓是"六脉神剑"价值观考核体系。他们也把这叫作阿里巴巴的灵魂、阿里巴巴的DNA。阿里巴巴人常戏称，凭借这股"阿里味"，可以从喧闹的饭店大堂准确找到哪桌人是来自阿里巴巴的员工。

从吴菊萍的身上，也能嗅出她的"阿里味"，比如平凡人做非凡事，比如碰到困难和挫折的时候永不放弃，比如不计较个人得失。

痊愈之后，吴菊萍有了另一个身份，那就是阿里巴巴集团社会公益部的一名员工。

在诸多公益项目中，她最关注的是弱势群体，她做的公益皆与此有关：一是为身处困境但自强不息的"魔豆妈妈"提供一笔资金支持、捐助一台电脑并进行培训辅导；二是帮助残疾人电商创业，几年来，这个项目已累计帮助 5500 多人从事客服岗位，过上更有尊严的生活。

这不是"业务"，在阿里巴巴的女人看来，"它是个正确的事"。这些事，让阿里巴巴骨子里渗透着母性。

武汉、青岛、石家庄、太原、福州……这几年吴菊萍的足迹几乎踏遍中国，为的就是帮助更多妈妈提升创业就业技能，她的目标是帮助 15000 人；她还参与推动阿里巴巴与浙江大学合作建立信息无障碍标准，为 1300 万盲人用户无障碍网购提供便利。

> 我希望能将更多的爱心传递给更多的人，让大家都来奉献自己的爱心。这样的话，人和人之间就不会有这么多隔阂、互相不信任，生活会更好。

一再强调自己"普通得不能再普通"的吴菊萍，依然用朴实的语言表达自己的美好愿望。

如今的吴菊萍，已经回归到她期待中的"普通的生活"中去，她那种奋不顾身的伟大，也渗透到了平凡中去，让这个世界变得越来越美好。

第二节 湖畔种下爱的"魔豆"

2015 年 5 月 20 日，马云在参加全球女性创业者大会时，曾经盛赞世界因女性而美好：

> 谈起女性，我们往往会想到爱、温柔、善良、美丽等美好的词汇，但同时与女性的美好相对应的，还有忍耐、坚持、承受以及奉献和牺牲。我们往往关注了女性的外在，而忽略了女性的创造和贡献。世界因为女性而美好，世界因为女性而成其为世界。[1]

而马云背后的这群女人们，用自己的实际行动证明了爱能让这个世界变得更加温暖。

2017 年 9 月 8 日，阿里巴巴的 12 位女性合伙人——彭蕾、武卫、童文红、吴敏芝、戴珊、蒋芳、郑俊芳、闻佳、彭翼捷、俞思瑛、张宇、赵颖在杭州西溪园区召开了一场阿里老友见面会，在会上，她们共同宣布成立湖畔魔豆公益基金会，帮助地处偏远贫困地区的儿童和妇女，让他们拥有平等享受安全、温暖，接受教育和人生发展的机会。

这也是这些女合伙人第一次集体公开亮相，这些曾经在商场上叱咤风云的女将们，站在台上的时候竟然感觉到了前所未有的紧张。因

---

[1] 引自 2015 年 5 月 20 日马云在全球女性创业者大会上的发言。

为她们知道，这一次她们要面对的挑战可能比以往任何一次都要大，但她们还是决定"把自己亮在台前，不给自己留后路"。

成立基金会的想法，源于彭蕾。

很多人或许至今仍对 2015 年发生的一起悲剧记忆犹新：2015 年 6 月 9 日，贵州毕节市七星关区，四名留守儿童在家中喝农药自杀身亡。四个孩子是四兄妹，最大的哥哥 13 岁，最小的妹妹只有 5 岁，正是天真烂漫的年纪，本应过着快乐、幸福的生活，然而，他们的生命却以这样一种令人震惊的方式戛然而止，留给世人无尽的悲伤。

这几个孩子的经历，深深地刺痛了彭蕾的心，击中了她心底最柔软的地方。

"我必须做点儿什么帮助那些在痛苦中挣扎的孩子们，不能让悲剧一次次重演。"彭蕾曾这样说。她还曾在公司高层会议上问高管们："请大家好好想想，我们怎么做，才能帮助到那些孩子们？"

正是从那时起，彭蕾开始积极投入到帮助留守儿童的公益活动中。从给留守儿童父母买火车票、电话卡，到资助乡村儿童几个试点项目，彭蕾竭尽所能帮助那些需要帮助的留守儿童。然而，在这个过程中，她渐渐发现，留守儿童问题远比她想象的复杂。那些偏远贫困地区的留守儿童们需要的，不是远在千里之外的好心人偶尔的关爱，而是平等：平等地享有家庭温暖，平等地接受情感与智识教育，平等地向上攀登的机会。

于是，彭蕾向那些长期致力于中国青少年生命成长教育的专业公益机构求教，发现：儿童在幼年时期被迫远离父母、长期寄宿、得不到家庭关爱而产生的心理创伤，在成长后期很难弥补，更会对他们的一生产生巨大的影响。而曾在婴幼儿期被细心呵护、及时关爱的人，才有更大概率成长为独立并适应社会的个体。

这让她认识到，留守儿童问题需要的是系统性的帮助改变，否则再多的努力与付出，也不过是治标不治本："针对妇女和儿童的公益行动是一件特别专业的事，需要组织起来，更有体系、有效率、有愿景地推进。"[1]

于是，成立一个专项基金会的想法在彭蕾的心中扎根发芽。她想为中国偏远贫困地区的母亲与孩子做一些力所能及的事，用爱来温暖这个世界。

在阿里巴巴内部，与彭蕾有共同想法的人不在少数，尤其是阿里巴巴的女合伙人们。女性特有的细腻和感性，让她们天然关注家庭、妇女与孩子。见诸媒体的诸多困难家庭与儿童的遭遇长期以来让她们备受触动，"我们能做些什么"，是她们一直在思考的问题。因此，2017年上半年的一次合伙人会议后，当彭蕾提起自己的想法时，蒋芳、武卫、童文红、戴珊等马上与她一拍即合，当即决定联合起来，帮助困境中的儿童和妇女。

经过紧锣密鼓的筹划工作，湖畔魔豆基金会终于诞生了。

在老友见面会上，彭蕾感慨地说：

> 我们觉得多一分力量就多一分变化，作为相对有能力帮助他人的群体，我们有责任去做这件事。我们12个人不一定能马上改变什么，但希望以此唤起社会的关注和支持，这是更有价值的。[2]

武卫也深有感触：

> 湖畔魔豆这件事刚刚开始，12位合伙人考虑过要不要这么快公布于众，但大家最后决定，不给自己留后路。今天既然有了这个场合，我们就把自己亮在台前，这不是一个冲动的决定，公益

[1] 引自2017年9月8日搜狐新闻的报道《马云背后的12位女合伙人共同成立湖畔魔豆基金会》。

[2] 引自2017年9月8日彭蕾在湖畔魔豆公益基金会成立仪式上的发言。

> 需要极大的心力、脑力、专业和智慧，后续需要大量的工作和努力。湖畔魔豆公益基金会原始基金由 12 位女合伙人捐赠，首期计划筹集资金为人民币 1 亿元，并欢迎更多社会各界爱心人士参与，向同行者定期公布项目进度。

为了使基金会更好地运转，她们在分工上依据各人特长各司其职，比如，擅长管理的彭蕾出任项目管理委员会主席，财务出身的武卫和郑俊芳担任基金会的 CFO，擅长人力资源管理的童文红则负责基金会的人员和组织架构。

在她们的规划中，她们将连接相关社会公益组织、与专家学者深度合作，从相关研究的进行、公益体系的建立，到公益项目的执行，全程深度参与。虽然性格低调、不喜张扬是她们这 12 位女性合伙人的共同特点，但因为身份和从事工作的原因，她们已经或多或少地成了媒体关注的焦点，而这种影响力，也可以更好地帮助公益基金运作。

而之所以取名"湖畔魔豆"，是因为十多年前，她们曾被淘宝上"魔豆妈妈"坚忍不拔的精神和无私的母爱深深感动。

"魔豆妈妈"这个词源于身患绝症的单身妈妈周丽红。她不但顽强地与死神进行着搏斗，为了养活女儿以及偿还因治病欠下的巨额债务，她还拖着病体寻找赚钱之道。一个偶然的机会，她浏览淘宝网，看到网上琳琅满目的商品，于是产生了开店的想法。这之后，她在淘宝网上开了一家名叫"魔豆宝宝小屋"的儿童服装店。从此，她开始全心经营小店。然而，她的病情持续恶化，最终下肢彻底瘫痪。即便如此，她也没有向命运低头，依然坚强地活着。被剧烈疼痛折磨着的她靠打麻醉剂度日，只要稍微恢复一点儿体力，她就在病床上打理自己的网店，努力维持自己和年幼女儿有尊严的生活。这位母亲的故事被一位好心的网友发到了网上，转瞬间传遍了整个中国，无数人为之感动落泪。2010年，淘宝网捐赠 1000 万元，在中国红十字会总会设立"中国红十字会淘宝公益基金"，主要资助开展"魔豆妈妈"项目，运用互联网的优势提升困难女性互联网创业、就业能力。而彭蕾为公益基金会取名"魔豆"，正是希望延续"魔豆妈妈"的这种精神，将这份爱心永远传递下去。

"湖畔"则寓意着从湖畔花园走出的阿里巴巴。9月8日是阿里巴巴成立的日子，这些阿里女将们之所以选择在这样一个日子成立湖畔魔豆公益基金会，正是为了向阿里巴巴致敬，也是了纪念自己无悔奋斗的青春。

在阿里巴巴18岁生日那天，12位女合伙人种下的这颗爱的种子，或许是最好的生日礼物。

了解阿里巴巴的人都知道，这些年来，阿里巴巴一直践行着对公益的坚守以及对女性力量的信赖。湖畔魔豆公益基金会的成立，正是阿里文化中女性力量的体现和延续。像彭蕾、蒋芳、郑俊芳这样的女性，不但是打造阿里巴巴商业帝国的重要力量，更是其公益事业的中流砥柱。

而这12位女合伙人种下的这颗"魔豆"的种子，又为阿里巴巴的公益事业注入了全新的内涵：在互联网时代，女性的柔软、善良、热情、韧性以及与生俱来的同理心，可以在社会的方方面面发挥更重要的作用，让我们所处的这个世界变得更加温暖、更加美好，正如湖畔魔豆公益基金会理事长闻佳所说：

> 因为我们是女性，所以我们会非常关注困境母亲和困境儿童，希望能够帮助到他们。我们的湖畔魔豆就是一颗有魔力的种子，但是我坚信它总有一天会变成爱的森林。

第三节　赋能女性就是赋能未来

进入 21 世纪，女性毫无惧色地踏入充满竞争的男性世界，展现出了以柔克刚的力量。正如马云所说，"我相信这个世纪是女性的时代"，放眼望去，一个绚烂的"她时代"正缓缓拉开帷幕。

女性的能量超乎人们的想象，但要使这能量充分发挥出来，还需要赋能。作为一名女性，彭蕾很早就认识到了这一点。

2017 年 12 月 1 日，阿里巴巴集团宣布成立脱贫基金，计划五年投入 100 亿，用于精准扶贫和乡村振兴，探索"互联网＋脱贫模式"。脱贫成了阿里巴巴新的战略业务。马云亲自担任基金会主席，彭蕾、蔡崇信、张勇、井贤栋这四员大将被他点名委任为副主席，分别负责电商、教育、生态和女性四大脱贫方向。在基金会发布现场，马云一反常态地放出了"狠话"："你们四个副主席，业务做不好，还能给你个机会，脱贫做不好，不会放过你。"

马云还别出心裁地将 KPI 考核引入到了公益项目管理中，其中，彭蕾负责的正是女性脱贫的 KPI。

彭蕾对女性问题的关注由来已久，在一次采访中，她曾经说道：

> 我是"农三代"，我爷爷、奶奶都是农村的，我对农村的感情特别朴素，特别直接，因为我从小一放假就在农村，和农村的亲戚一起生活。所以我对农村女性不是说现在才特别关注，从小

就开始了。只不过现在可能有能力了，就能够为我的家乡、我的亲人去做一些事情。

在彭蕾看来，女性是一个非常独特的群体。她曾经进行过统计："在全球每天消费不到 1 美元的人群当中，有超过 70% 的人是女性；在淘宝的平台上，超过 51% 的创业者是女性，而在不良贷款的占比中，女性只占 25%，显示了很好的信用。她们对生活的热爱以及想要自力更生的热情是无与伦比的。女性也是家里的钱袋子，52% 的消费者都是女性。在阿里巴巴内部，女性的力量也很强大，创业之初的 18 个人，三分之一是女性；眼下的 36 个合伙人，三分之一也是女性；今天阿里巴巴女员工，占公司总人数的 46%。"[1]

可见，无论是一家公司的成长，还是一个社会的发展，都离不开女性的力量。正因为如此，彭蕾希望用阿里脱贫基金这个平台，为女性做一些力所能及的事情。而之所以要将公益方向确定为"女性脱贫"，彭蕾也有自己的考量：

> 之所以要专门去做女性脱贫，是因为这个社会的一个现实是，女性的生存发展，面临的取舍、平衡，各方面的挑战都比男性更大。女性怎样获得更平等的机会，是一个应该得到响应的诉求。带孩子和赚钱两者间的矛盾，其实不单是体现在农村女性身上。为什么从来没有人问男性这样的问题？这好像是女性专有的问题。但其实女性的付出是可以被量化的，只不过这个路还挺长的。

为了帮助女性脱贫，彭蕾以提升女性创就业能力为切入点，梳理

---

[1] 数据引自 2017 年 12 月 ZAKER 的报道《彭蕾：金融科技为经济发展提供最佳途径》。

了过去几年在农村淘宝、魔豆妈妈等项目中累积的丰富经验，针对深度贫困地区的女性群体，建立起更完善的脱贫工作模式，从意识唤醒到技能培训，从金融支持到销售帮扶，通过贫困地区女性人才的赋能来实现真正脱贫。她深知："只有女性脱贫，才能从根本上保证农村家庭的脱贫。"

彭蕾的第一个方向是为农村贫困地区女性提供信用贷款。阿里脱贫基金女性脱贫工作组通过走访湖北、甘肃、陕西等地的贫困山区了解到，很多省市都在鼓励留守女性创业，利用合作社等形式带头搞生产，小额信贷的需求不断攀升。然而，那些在贫困中挣扎的女性大多没有银行流水和抵押物，也就没有经济信用，因此，几乎是不可能获得金融服务的。为了解决这个问题，阿里脱贫基金的工作人员与生态伙伴一起，在田间灶头找到那些需要小额贷款的人，为她们提供助农女性贷款。

彭蕾曾经分享过一个非常有趣的数据：阿里巴巴在给个体劳动者发放贷款时，给女性的平均授信额度要高出 7%。"在蚂蚁金服的贷款平台上我们看到，女性的违约率只有男性的三分之一，她们往往更有信用。我们要做的，就是帮助她们把信用转化为经济能力。这件事，贴息也要做好。"

彭蕾坚信："授人以渔比授人以鱼更重要。给她方法、给她资源，比直接给她一个东西让她去解决温饱更有价值。"

彭蕾一直认为，商业是最大的公益，用商业的方法才能从根源上解决女性贫困问题。2018 年 4 月，她到宁陕县实地考察时听到的故事也证实了这一点：宁陕县的一个村子里有一个女能人"蜂婆娘"，这个 90 后姑娘通过小额贷款获得了创业资金，成立了养蜂合作社，带动当地养蜂的人一起发展，通过线上线下各种渠道进行销售。这也在很大程度上带动了当地的产业发展，为留下更多劳动力形成良性循环。

让处于贫困中的女人们有了谋生手段和脱贫希望后，还要预防"返贫"，使她们不会因病致贫，不会因教致贫。为此，彭蕾又通过保险的方式给贫困地区女性一些基本保障。

2018 年，阿里巴巴女性脱贫工作组发起了一个名为"加油木兰"的女性公益保险项目，充分应用互联网公益保险和金融科技的力量，让贫困地区的女性能上学、看病有保障。

2018 年 8 月，"加油木兰"项目在"蚂蚁庄园"正式上线，无数爱心网友参与到这个项目中来。他们的每一次捐赠，都会为一位贫困女性增加 50 元的保额，捐赠者与受助者一一对应。一亿位网友总共捐赠了 5 亿颗"爱心"，还留下了 36.4 万条鼓励留言。依托蚂蚁金服公益保险平台，捐给谁、捐多少、赔多少等信息全程实时透明公示。

对贫困户来说，理赔是非常容易的，即使没有智能手机，也能便捷理赔。一个村子里只要有一个人会用支付宝，就能帮助全村人理赔，并在 3~5 个工作日收到理赔款。图片识别、区块链、人工智能等新技术提供强有力的支持，让"数据跑腿"代替了"百姓跑腿"。

借助互联网，"加油木兰"项目很快就落地实施：2018 年 8 月 31 日，云南省红河州元阳县的高三学生普梦黎收到了一笔特殊的"理赔"——1000 元助学金，这是"加油木兰"项目第一笔赔付的保险理赔金。现在，"加油木兰"已经在湖北巴东、云南元阳和陕西宁陕建立了三个女性保障样板县，一共有超过 17 万个贫困女性获得健康教育保障。

除了"加油木兰"项目之外，彭蕾还为贫困地区的女性定制了"好保险"，覆盖生育、教育和养老等人生各阶段需求。"在贫困地区的 0 到 99 岁的困境女性，我们会联合保险公司给她们定制、赠送一份保险，保障她们人生的重要阶段。无论是生孩子、升学还是生了大病都可以获得一笔费用。具体来说，在她生孩子时，可以得到前面几个月基本的奶粉钱；家里有孩子上中学了，可以获得一笔奖金；考上大学了，还可以再一次性拿一笔奖金；如果生了大病，也可以一次性拿到一笔钱，这个钱不一定要用于治疗，因为今天社会保障体系基本健全，新农合基本上很多也能够覆盖，但是我们会额外再给她一笔钱，解决因病缺了一个劳动力，家里经济的燃眉之急。"[1]

"用商业手法和公益心态做事"是彭蕾一直坚持的公益理念。在她看来，"公益其实比商业难做，两者结合更是难上加难，因为商业是有 KPI 的，而公益效果却很难量化"。她知道，这是一条艰难的道路，但她也深知，她不是一个人在战斗，而且，所有的付出都会以另一种方式得到回报，正如她所说：

> 我觉得我们去做这样一件事，是对我们自己人生一个最大的福报和奖赏。

---

[1] 引自 2018 年 9 月《经理人》的报道《彭蕾：女性脱贫需要耐心，更要耐得住寂寞》。

第四节　让光照进孩子的生命

湖畔魔豆公益基金会成立之后，彭蕾、蒋芳、武卫等女合伙人一直在思考一个问题：谁是最需要帮助的人？

为了找到这个问题的答案，这些女合伙人曾经先后多次到陕西进行实地考察。

湖畔魔豆基金会成立的当月，12 位女性合伙人就利用周末的时间千里迢迢赶到陕西，专门考察一个致力于帮助 0~3 岁留守儿童的扶贫项目。她们连续两个晚上熬夜开会到凌晨，第二天一大早又出发去考察项目，一去就是一整天。虽然劳累不堪，却没有人抱怨，每个人都乐此不疲。

在实地调研后，她们发现，一个人 0~3 岁时所获得的教育投入，将会决定他未来 85% 的认知和智力水平，然而，在中国的广大农村，尤其是在偏远地区的农村，无论对家庭还是社会来说，儿童早期发展还是一片"无人区"。很多人甚至会把刚出生的孩子丢给老人照管，"随便带带，健康就好"，自己离乡背井外出打工，一年甚至几年才回家一次，孩子与父母几乎没有任何感情联系。

为了改变这种现状，这次考察之后，女合伙人们就确定了扶贫的方向：为中国偏远地区的 0~3 岁孩子提供早期发展机会，使他们在人生的起跑线上不被同龄人甩下。

第二次去陕西，是去项目的第一个落地实践点进行实地考察。在陕西宁陕县，没多久，这些来自阿里巴巴的女合伙人们就与县里的年轻妈妈们打成了一片。作为两个孩子的母亲，彭蕾还热情地与年轻妈妈们交流起了带孩子的各种话题，并且主动和她们分享自己的育儿经验。她还笑着讲了一个自己的故事：虽然她平时工作繁忙，但还是尽量抽出时间来陪孩子，每次一回到家，第一件事就是带着孩子到小区里散步。有一次，在小区里，一位经常看到她逗娃的老太太还好奇地拉住她问："看你带娃带得真不错，主人家一个月付你多少钱？"妈妈们被她的风趣幽默逗得哈哈大笑。

在聊天的过程中，女合伙人们发现了一些细节，比如很多与妈妈们一同参加活动的孩子们，总是拿着手机看个不停，他们的妈妈对此并不在意。据妈妈说，孩子们只喜欢看手机，不怎么爱看书，家里也几乎从来都没给他们买过书。那些年轻妈妈大部分只有20出头，通常是高中毕业，她们也像其他妈妈一样，希望孩子能受到更好的教育，希望自己能融入社会，然而，对于怎么给孩子打开更广阔的视野，让孩子了解这个世界和一些常识，她们是完全迷茫的，也没有人教她们。

除此之外，还有一个细节也引起了她们的注意：宁陕县是全国为数不多实行从幼儿园到高中十五年义务教育的县，全县（其实是乃至全陕西省）对教育都非常关注，幼儿园和小学的入学率达到了100%，年轻妈妈离家打工的比例相比其他地方要低很多，然而，即便如此，从宁陕县考出来的名牌大学生仍然少之又少。

考虑到这种种因素，在第二次考察之后，女合伙人们便决定，将宁陕县作为项目的试点，帮助年轻妈妈们学会和他们不满三岁的孩子相处、交流，发展孩子的智力、自信心和适应社会的能力，用几年的实践来验证一下，是否能打破"重视教育，但仍然难出贵子"的局面。

2018年1月10日，由湖畔魔豆公益基金会发起实施的"养育未来"项目——整县模式启动仪式在宁陕县举行。作为项目的负责人，彭蕾出席了启动仪式。

这个最终被命名为"养育未来"的公益项目，是目前中国乡村地区落地规模最大的探索贫困家庭孩子早期发展的公益项目。与提供硬件设施、物质帮助等短平快的慈善支持不同的是，"养育未来"更专注于对孩子科学养育的投入，促进婴幼儿认知、语言、运动和社会情感的发展，帮助贫困农村儿童与其他孩子站在同一条人生的起跑线上。

她们都知道，这条路不好走，彭蕾曾说：

> 与其他方向相比，"养育未来"需要耐心，需要耐得住寂寞，需要润物细无声地去做一些唤醒，吸引更多的力量来参与。更重要的是可持续，让它成为一种模式，可以真正能够对未来中国发生一些正向推动和改变。

幸运的是，在各方的共同参与下，"养育未来"项目在宁陕县的试点非常顺利。其中，政府发挥着至关重要的作用。在宁陕县，"养育未来"项目从一开始就是政府主导的，比如养育中心场地都由宁陕县政府提供，养育师的招募和考核管理也是由县政府来负责。后来，彭蕾在总结宁陕模式的成功经验时，特意强调了这一点：

> 教育是国之大计，也是一项系统性工程，需要社会各部门跨界创新和合作。以政府为核心，充分整合和调度社会资源，达到效率和效果的最大化。希望中国宁陕可以成为发展中国家儿童早期发展的创新实验田，在世界范围内提供借鉴意义。[1]

湖畔魔豆基金会为"养育未来"制定的目标是，在宁陕的整县模式被证明可行之后，继续推动国家在全国进行普惠投入，整合更多地

---

[1] 引自 2018 年 11 月彭蕾在"养育未来，从 0 开始——2018 年儿童早期发展国际论坛"上的演讲。

方政府、企业和社会资源一起推动贫困儿童的早期发展工作。携手各界，以宁陕实践为起点，共同探索可复制、宜推广的社会模式。让中国儿童早期发展的探索从 0 开始，走向世界，已经成为这些女合伙人们最大的心愿。

宁陕模式实施三个月后，2018 年 4 月 11 日，女合伙人们第四次来到宁陕县。从西安咸阳机场前往宁陕的高速路上，由于前方发生了严重的交通事故，她们在路上堵了足足五六个小时，到县城酒店时已经是深夜了。但尽管如此，她们片刻都未休息，就马不停蹄地开会，了解"养育未来"项目在宁陕的实施细节。

"养育未来"项目在宁陕县的成果，让这些女合伙人们非常欣慰。她们欣喜地发现，宁陕县的第一批养育中心已经成为孩子们的乐园，也成了家长们的课堂。科学的指导改变了很多人的育儿理念：妈妈和奶奶们从最初的半信半疑，到几乎天天带娃来中心"打卡"；大人们渐渐地不再让孩子拿手机看动画片和各种小视频，而是开始从养育中心借一些绘本和玩具回家陪孩子一起读、一起玩。一个年轻妈妈在女儿满两岁之后为了养家糊口不得不外出打工，但走之前专门来到养育中心，请求这里的工作人员每天给孩子奶奶打电话，提醒她带孩子来养育中心。

"养育未来"成了照进大山的一束光，阿里女将们满意而来，满意而归。

2018 年 11 月 17 日，"养育未来，从 0 开始——2018 年儿童早期发展国际论坛"在陕西西安举行，作为项目发起人的彭蕾在论坛上讲述了养育未来的"宁陕模式"。"宁陕模式"成为中国在 0~3 岁儿童早期发展工作上全新的经验，引起了参加会议的国内外专家的广泛关注。

在会上，彭蕾还向在场的所有人吐露了自己的心声：

希望更多人了解我们想做的事情，把当地的需求告诉我们，也给我们参与的机会，在脱贫这条路上成为志同道合的伙伴。[1]

第二天，彭蕾带着一支 140 多人的团队第五次访问宁陕县。在这支庞大的团队中，有很多来自国内外的儿童教育专家和一线工作者。她希望通过交流，把专家们多年积累的丰富经验带到宁陕县，也希望帮助那些深入中国农村的一线工作者开拓思路，更好地设计和完成项目。

在这次宁陕之行中，"宁陕模式"受到了国际同行的高度赞誉。他们注意到，县政府与社会机构发挥各自所长、紧密协同；经过培训的农村女性能有如此丰富的育儿知识，而且还能像大城市白领一样通过钉钉等互联网软件完成工作管理；管理过程采用了人脸识别等人工智能技术；大数据等已开始提高资源配置效率……当天随行的记者们也一致认为，这种社会大协同的资源调度方式、互联网化的乡村工作方式，为国际实践提供了可复制、可借鉴的成功案例。

那一刻，这些女合伙人的内心充满骄傲。而更令她们骄傲的是："一群有情有义的人，在一起做有价值有意义的事，为世界带来微小与美好的改变！"

心虽柔软，却有力量。阿里女将们因对女性的关爱，点亮了"养育未来"这盏灯，如今，这盏灯已经照亮无数中国农村妈妈的生活，也改变了无数农村孩子的未来。

---

[1] 引自 2018 年 11 月彭蕾在"养育未来，从 0 开始——2018 年儿童早期发展国际论坛"上的演讲。

阿里女将小传

彭蕾

1990 年	进入杭州商学院（今浙江工商大学）学习，就读工商管理专业。
1994 年	大学毕业后被分配到浙江财经大学当经济学老师。
1997 年	与师兄孙彤宇（淘宝网创始 CEO）结婚。
1998 年	因丈夫孙彤宇决定随马云北上创业，于是彭蕾从学校辞职入伙，成了"随军家属"。彭蕾在阿里巴巴的工号是"007"。
1998—2007 年	彭蕾先后带领过市场、服务和人力资源管理等多个部门，打造出了一套具有阿里巴巴特色的电商组织文化体系，在提升客户满意度及维持企业文化方面拥有丰富的经验。
2007 年	马云决定在阿里巴巴成立"组织部"，以进行更好的公司内部管理，彭蕾受命组建并制定规则，使得这个由资深总监以上的高管组成的团队成为阿里企业文化和价值观的核心代表。
2009 年 9 月	马云突然宣布包括自己在内的 18 位创始人集体辞去元老身份，阿里巴巴改用合伙人制度。彭蕾成为阿里巴巴合伙人。

2010 年 1 月　　　兼任支付宝首席执行官（CEO），立志努力把支付宝打造成全球最领先的支付平台。

2013 年 3 月　　　阿里巴巴集团宣布：将筹备阿里小微金融服务集团（即蚂蚁金融服务集团的前身）；根据业务发展需要，彭蕾将出任小微金融服务集团 CEO。

2014 年 9 月初　　《福布斯》中文版发布了 2014 "中美创新人物" 专题，选出中美各 10 位年度创新者。在中国的十人名单中，来自互联网行业的企业家和创新人士占了 4 位；其中，蚂蚁金服 CEO 彭蕾为入选的女性，其入选理由为：在她执掌支付宝期间，余额宝产品引发了银行业的求变之风和互联网金融热潮，此外蚂蚁金服获得银行牌照后的金融创新也广受期待。

2015 年 2 月底　　彭蕾登上《福布斯》发布的亚洲地区最具影响力女性商界领袖 50 人排行榜。除彭蕾之外，格力电器总裁董明珠、美高梅中国主席何超琼、阿里巴巴首席财务官武卫也登上了该榜单。

2015 年 5 月底　　彭蕾入选《福布斯》2015 全球权势女性榜，为入选该榜单的 5 位中国大陆女性之一。此外，还有多位来自全球慈善界、金融界、商界的女性名人也进入该榜单，比如希拉里·克林顿、梅琳达·盖茨、奥普拉·温弗瑞和碧昂斯等。

2015 年 6 月　　　任蚂蚁金服董事长兼 CEO，主要负责集团战略制定和人才管理。

2015 年 9 月　　　《财富》杂志公布了 2015 年 "亚太最具影响力的 25 位商界女性" 排行榜。其中，中国大陆上榜者达 11 位，在亚太区首屈一指。在科技领域，作为蚂蚁金服董事长兼 CEO 的彭蕾，和格力电器董事长兼总裁董明珠、HTC 董事长兼 CEO 王雪红、华为董事长孙亚芳等一同上榜。

2016 年 3 月	由中国人民银行牵头，会同银监会、证监会、保监会等有关部门共同组建的中国互联网金融协会在沪正式挂牌，这是中国互联网金融业内首个"国字头"自律组织，也是互联网金融领域的首个全国性行业协会。彭蕾作为来自互联网的行业代表当选副会长。
2016 年 6 月	《福布斯》公布，2016 年度全球最具影响力 100 名女性，彭蕾排名第 35 位。
2016 年 10 月	彭蕾宣布不再担任蚂蚁金服 CEO，以蚂蚁金服集团董事长身份，专注公司长期发展、全球化战略、人才培养和文化建设传承。由井贤栋接任蚂蚁金服 CEO，全面带领团队负责公司业务、战略推进和落实。
2017 年 2 月 6 日	福布斯发布"2017 中国最杰出商界女性排行榜"，彭蕾排名第三。
2017 年 9 月	彭蕾与阿里巴巴其他女性合伙人共同成立湖畔魔豆公益基金会，帮助地处偏远贫困地区的儿童和妇女，让他们拥有平等享受安全、温暖、接受教育和人生发展的机会。因擅长管理，彭蕾出任湖畔魔豆公益基金会的项目管理委员会主席。
2017 年 12 月 1 日	阿里巴巴集团宣布成立脱贫基金，计划五年投入 100 亿元用于精准扶贫和乡村振兴，探索"互联网＋脱贫模式"。脱贫成了阿里巴巴新的战略业务。马云亲自担任基金会主席，彭蕾被他点名委任为副主席，负责女性脱贫方向。
2018 年 3 月	彭蕾出任东南亚电商平台 Lazada 的 CEO，原 CEO Bittner 出任高级顾问。

2018 年 4 月	彭蕾正式卸任蚂蚁金服董事长，蚂蚁金服 CEO 井贤栋兼任董事长一职。
2018 年 12 月	Lazada 宣布，彭蕾卸任 Lazada CEO 一职，继续担任 Lazada 董事长。Lazada 创始人皮尔·彭龙接替彭蕾成为新一任 CEO 并向彭蕾汇报。

童文红

2000 年	童文红进入阿里巴巴，工号"116"，最早的工作岗位是前台接待。
2000 年	为第一届"西湖论剑"活动提供行政支持。
2000 年	承担了创业大厦的装修工作，童文红边干边学，学会了控制项目进度和质量，顺利完成了这项艰巨的任务。
2001 年	因工作表现出色，彭蕾找到她，希望她去做行政部的主管。当时童文红并不愿意接受，不过在彭蕾的鼓励下，还是接受了此项工作。
2003 年	非典期间，作为行政部的负责人，童文红负责和领导沟通，负责和保安联络，负责紧急疏散、设备安装，还负责安慰处理部门里发烧的人……每天睡觉的时间都没有。
2013 年	阿里巴巴联合银泰、顺丰、"三通一达"等成立菜鸟网络，童文红出任 COO，成为菜鸟网络业务的主要操盘人。
2015 年 3 月	童文红出任菜鸟网络总裁一职。
2017 年 1 月	童文红卸任菜鸟网络 CEO，担任阿里巴巴集团 CPO（首席人力官）兼菜鸟网络董事长。

2017 年 5 月	《福布斯》发布了 2017 全球变革者榜单，默克公司 CEO 肯·弗雷泽、英国戴森电器创始人詹姆斯·戴森、菜鸟网络董事长童文红等全球 30 名企业家最终上榜。《福布斯》称，童文红掌管一张巨大的协同物流网络，为阿里巴巴及社会各界服务。她曾经在阿里巴巴多个岗位历练，她已经是大师级的人物，她负责的物流数据平台每天支撑着 5700 万个包裹的递送。
2017 年 9 月	童文红与阿里巴巴其他女性合伙人共同成立湖畔魔豆公益基金会，帮助地处偏远贫困地区的儿童和妇女，让他们拥有平等享受安全、温暖、接受教育和人生发展的机会。因擅长人力资源管理，童文红负责基金会的人员和组织架构。
2019 年 10 月	童文红以 41 亿元人民币财富位居《2019 年胡润百富榜》第 1008 位。

蒋芳

1996 年	毕业于杭州电子工业学院（今杭州电子科技大学），在进入阿里巴巴之前是马云的学生，毕业之后追随马云一起创业，是阿里巴巴 18 位创始人之一，工号 13。
1998 年	马云卖掉中国黄页，带着不到 10 人的小团队开始北漂，其中就有蒋芳。
1999 年	阿里巴巴草创时期，蒋芳主管财务。
2009 年 9 月	马云突然宣布包括自己在内的 18 位创始人集体辞去元老身份，阿里巴巴改用合伙人制度。蒋芳成为阿里巴巴合伙人。

2010 年	马云将蒋芳调到中供的诚信发展体系部，负责管理诚信安全事务。在此后的"中供诚信门"事件中，蒋芳立下了汗马功劳。
2012 年	马云将阿里巴巴廉正部进一步升级为廉正合规部，希望借此举强化反腐的制度性力量，重点查处、打击员工的腐败行为。蒋芳被任命为廉正合规部的负责人，并获得一把尚方宝剑——"蒋芳可以调查任何阿里员工"。
2012 年	轰动一时的"聚划算事件"就是由蒋芳负责调查的。蒋芳亲自开除了 21 人，还把其中的 7 人送上了法庭。聚划算总经理阎利珉因为在 2011 年先后收受他人总价值 53.8 万元的两辆轿车而被判处有期徒刑 7 年，锒铛入狱。他也成了蒋芳上任"锦衣卫"后打掉的第一只"大老虎"。
2016 年 4 月 11 日	阿里巴巴集团宣布，任命蒋芳为阿里巴巴集团 CPO（首席人才官）。从此以后，蒋芳全面负责阿里巴巴集团的人才及组织文化发展的策略和执行。
2017 年 1 月 13 日	蒋芳担任张勇的国际业务特别助理兼阿里巴巴集团副首席人力官。

戴珊

1992 年	进入杭州电子工业学院就读工程学专业，是马云在杭州电子工业学院教的最后一届学生。
1996 年	戴珊大学毕业，这时，已经辞职下海的马云来到学校为自己刚刚创办的中国黄页招聘，戴珊没有做过多地考虑，就选择加入马云的队伍。

1999 年	阿里巴巴成立后，戴珊成为 18 位创始人之一，工号 11。
1999—2001 年	任阿里巴巴公司客户服务、销售及用户界面部门多个管理层职位，熟悉公司业务运作。
2002—2005 年	任阿里巴巴中国市场部诚信通高级销售总监，建立公司的电话销售小组。这一部门现拥有超过近千名的小组成员。
2005 年	晋升为广东分公司总经理，负责广东省的直销及电话销售、市场推广及人力资源。
2013 年 4 月	继新任 CEO 人选公布之后，阿里巴巴集团再度宣布了新的人事任命，戴珊接任阿里巴巴集团首席人才官。
2017 年 1 月	担任 B2B 事业群总裁，分管集团旗下的国际和中国国内批发交易平台阿里巴巴和 1688 以及国际零售交易平台全球速卖通业务。
2018 年 8 月	担任阿里巴巴集团的法人代表，这已是 2014 年 4 月马云从阿里巴巴法人位置退出后，第三次更换法人代表。
2019 年 1 月	《福布斯》中国发布"最杰出商界女性"榜单，阿里巴巴 B2B 业务群总裁戴珊位列第 84 位。
2019 年 3 月 11 日	戴珊接替张勇担任阿里创投法人代表以及董事长。另外，戴珊还担任了阿里创投的总经理一职。
2019 年 5 月 31 日	《福布斯》首次公布"中国科技女性榜"，对科技领域的 50 名优秀女性进行无排名评估。上榜的女性有科技企业创始人、公司高管、一线研发工程师以及技术创新先锋，戴珊也出现在榜单上。

| 2019 年 10 月 10 日 | 戴珊以 41 亿元的身价位列《2019 年胡润百富榜》第 1008 位。 |

郑俊芳

2010 年	郑俊芳辞去了会计师事务所毕马威合伙人职务，加入阿里巴巴。
2010 年 12 月— 2013 年 10 月	郑俊芳担任阿里巴巴 B2B 业务的财务部副总裁。
2013 年 11 月— 2016 年 6 月	郑俊芳担任阿里巴巴集团副首席财务官。
2015 年 12 月上旬	阿里宣布首次组建平台治理部，郑俊芳被马云亲自任命为平台治理部的负责人，全面负责电商平台的规则、知识产权保护、打假、打击信用炒作等事宜。
2015 年 12 月 28 日	阿里巴巴集团合伙人、首席平台治理官郑俊芳首度亮相。她上任一年，关掉 18 万家违规淘宝店铺，端掉 675 个线下假货窝点，用大数据和互联网方式以及雷霆手段匹配了其"灭绝师太"的称谓。
2016 年 7 月	郑俊芳正式卸任阿里巴巴副 CFO 一职，意味着郑俊芳的打假工作从兼职走向全职。
2016 年 12 月 21 日	2016"质量之光"年度质量盛典在人民大会堂举行，郑俊芳获年度"质量人物奖"。这是质量领域一年一度标杆性的奖项。
2017 年 1 月	郑俊芳牵头成立了阿里巴巴打假联盟（AACA）。

2017 年 2 月 28 日	由武汉大学发起的"中国好质量奖"评委会，经过审慎评估,决定把年度最高荣耀"质量公民"奖项授予郑俊芳，这也是我国唯一一个由学术界评出的质量领域专业奖项。
2017 年 12 月	郑俊芳出任阿里巴巴集团首席风险官，负责集团旗下平台的数据和信息安全。
2017 年 12 月 14 日	中国互联网协会标准工作委员会成立大会在北京成功召开，阿里巴巴集团首席风险官郑俊芳当选中国互联网协会标准工作委员会副主任委员。
2018 年	在《人物》杂志的"年度面孔"评选中，郑俊芳获选"年度创变面孔"。

叶枫

2002 年	叶枫看到《杭州日报》刊登的阿里巴巴的招聘广告，于是给阿里巴巴投了简历，面试后，她成了阿里巴巴的第 567 号员工，职位是电话销售员，花名"阿珂"。
2003 年 4 月 10 日	叶枫突然接到一项"秘密任务"：在最短的时间内做出一个个人对个人（C2C）的商品交易网站，她由此成为淘宝早期团队的一员。
2003 年 5 月	淘宝网站进入内部测试阶段，此时取名字的事提上了日程。受家里人收藏古董影响且本身又爱逛街的叶枫为网站取了一个名字——"淘宝"。一个月后，淘宝上线后卖出的第一件商品，就是叶枫从家里带过来的一把龙泉宝剑。
2004 年	支付宝推出，也是叶枫为其取名。

2016 年 4 月 29 日	叶枫离开了阿里巴巴，离开当天她在阿里内网写下这样一段话："山高水长，江湖再见！会再见的，因为我们身上有一种相同的味道，因为我就是你，因为你就是我！"
2019 年 9 月 10 日	阿里巴巴集团在杭州奥体中心举办了庆祝阿里二十周年的年会，叶枫坐在年会的 VIP 位置。

宋洁

2000 年	宋洁加入阿里巴巴，是阿里巴巴著名的"宋小姐"。
2003 年 4 月	在广州市，第 93 届广交会即将如期召开。当时非典肆虐，但马云为了兑现对客户的承诺，依然派了几名员工紧急赶赴广州，宋洁就是其中之一。从广州回来后，她被确诊为非典病例。
2003 年 5 月 10 日	宋洁成功战胜非典，康复出院。后来，阿里巴巴为纪念和发扬员工之间"不抛弃、不放弃"的精神，决定将 5 月 10 日宋洁出院的日子定为"阿里日"。
2009 年 9 月 10 日	阿里巴巴迎来十周年庆典，宋洁是这次盛典的负责人之一。
2014 年	宋洁刚刚休完产假回到阿里巴巴，开始负责"阿里云开发者大会"的策划与组织，后来"阿里云开发者大会"改名为"云栖大会"，也一直由宋洁负责。

2019年6月6日	阿里巴巴公布了2019财年年报，年报显示，阿里巴巴的合伙人由2018年的36位增加至38位，阿里巴巴副总裁宋洁成了新晋的第13位女性合伙人。

封晓红

2006年	封晓红加入阿里巴巴的中国供应商团队，这个团队也被称为"中供铁军"。
2011年	在加入"铁军"的第五年，封晓红终于"登顶"，以破纪录的百单新签客户数斩获全国第一。
2012年	封晓红的业绩突破2.5倍增涨，达到近千万，蝉联全国第一。
2013年	封晓红的销售业绩刷新整个B2B事业部有史以来年度纪录，再度问鼎全国第一。
2015年	封晓红业绩依然蝉联全国第一。
2015年	封晓红启动个人生态圈，通过项目落地，运营"互联网+"的思维制推动客户的快速成长，培养20家以上明星客户和不同类型的优秀讲师。全年分享超过30场次，受益人数超过2000人，业绩蝉联全国第一。
2016年	新外贸生态体系日趋成熟、生态铁军链接和生态圈持续繁荣，让封晓红的客户和拍档紧密联合在一起。封晓红财年业绩再破中供新高，并登上阿里巴巴"牛尼斯"荣誉殿堂，成为B2B部门"牛尼斯"纪录的创造者。

武卫

2007 年 7 月	武卫加入阿里巴巴集团，出任首席财务官一职。与郑俊芳一样，此前武卫曾为毕马威华振会计师事务所北京分公司的审计合伙人。
2011 年 10 月	任阿里巴巴集团副首席财务官。
2014 年 5 月	任阿里巴巴集团首席财务官（CFO）。
2015 年 9 月	武卫上榜《财富》杂志亚太最具影响力的 25 位商界女性榜单。
2015 年	在《福布斯》亚洲商界权势女性 50 位榜单中，武卫位列第 8 位。
2016 年 9 月	武卫在《财富》全球 50 大最具影响力女性榜单中排第 32 名。
2019 年 6 月 18 日	阿里集团 CEO 张勇通过全员信宣布阿里新一轮面向未来的组织升级，其中，武卫接棒新职位，兼任集团战略投资部负责人。
2019 年 10 月	武卫辞去阿里巴巴音乐科技有限公司董事职务。
2019 年 10 月 10 日	《2019 年胡润百富榜》揭晓，武卫以 31 亿元人民币财富位列第 1274 名。
2019 年 12 月	阿里巴巴集团 CFO 武卫入选"2019 全球最具影响力女性"榜。

彭翼捷

2000 年	彭翼捷毕业于西安交通大学，获得了科技英语专业及国际贸易专业双学位。

2000 年	彭翼捷毕业后加入阿里巴巴本公司，曾任中国诚信通产品设计师，成功带领销售小组向中国数以万计的中小企推广有关产品。
2004—2005 年	彭翼捷担任阿里巴巴中国市场部客户服务部总监。
2006—2007 年	彭翼捷出任阿里巴巴中国网站运营部负责人。
2008 年	彭翼捷担任阿里巴巴副总裁，负责阿里巴巴B2B 的中国站和国际站。
2010 年	阿里巴巴推出全球速卖通（Ali Express），彭翼捷是这一产品的创始人。
2012 年 11 月	彭翼捷加入支付宝，组建支付宝的国际业务，任支付宝副总裁、国际事业部总经理。
2016 年 11 月起	彭翼捷任蚂蚁金服副总裁兼CEO办公室负责人。
2018 年 12 月起	彭翼捷任蚂蚁金服集团首席市场官兼CEO 办公室负责人。

吴敏芝

| 2000 年 | 吴敏芝加入阿里巴巴，之后曾担任过区域销售总经理、中国 Gold Supplier 销售部副总裁、中国诚信通销售部副总裁、供应商服务部副总裁、国际贸易事业部总经理等多个职务。 |
| 2012 年 7 月 | 随着阿里巴巴集团架构调整，国际贸易事业部成为集团旗下事业群之一，吴敏芝被任命为阿里巴巴国际贸易事业群总裁。 |

2014 年　吴敏芝被任命为阿里巴巴 B2B 事业群总裁，对集团旗下国内外贸易事业进行统一管理，旗下主要平台有阿里巴巴和采购批发平台，同时负责集团的重要战略项目"村淘"业务。

2017 年 1 月 13 日　阿里巴巴集团 CEO 张勇发布全员公开信，宣布多项组织结构调整，吴敏芝和戴珊进行工作轮岗：吴敏芝出任阿里巴巴集团首席客户官（CCO），戴珊出任 B2B 事业群业务总裁。

参考文献

1.孙燕君：《阿里巴巴神话：马云的美丽新世界》［M］，南京：江苏文艺出版社，2015年。

2.廉薇、边慧、苏向辉、曹鹏程：《蚂蚁金服：从支付宝到新金融生态圈》［M］，北京：中国人民大学出版社，2018年。

3.由曦：《蚂蚁金服：科技金融独角兽的崛起》［M］，北京：中信出版社，2017年。

4.陈伟：《这就是马云》［M］，杭州：浙江人民出版社，2015年。

5.张燕：《马云全传》［M］，杭州：浙江人民出版社，2019年。

6.王桂娟：《彭蕾传："女版马云"的阿里奋斗史与职场潜规则》［M］，北京：团结出版社，2019年。

7.陈伟：《阿里巴巴人力资源管理》［M］，苏州：古吴轩出版社，2018年。

8.陈国海、刘贵鸿、陈祖鑫：《阿里巴巴政委体系》［M］，北京：企业管理出版社，2018年。

9.宋金波、韩福东：《阿里铁军：阿里销售铁军的进化、复制与裂变》［M］，北京：中信出版社，2017年。

10.张继辰、王乾龙：《阿里巴巴的企业文化》［M］，北京：海天出版社，2015年。

11.方兴东、刘伟：《阿里巴巴全传》［M］，南京：江苏文艺出版社，2014年。

12.和阳：《阿里局》［M］，广州：广东经济出版社有限公司，2018年。